岩波現代文庫／社会 266

武術に学ぶ体操法

甲野善紀

岩波書店

まえがき

本書が今回このような形で刊行されることとなったそもそもの経緯は、日本武術や中国武術の稽古研究団体である「身法研究会」を主宰され、人と人との間をとり結ぶことにおいても妙を得られている小用茂夫氏が、この岩波書店に勤務されていたことによる。

小用氏は、普段はオフィスの中で気配を消して柔軟に人との間合いをとりつつ実は武術練功の士である、というまるで小説の中に出てくるような人物であり、私が尊敬する三十年来の友人でもある。

その小用氏との何気ないやり取りがキッカケで、本書は俄《にわ》かに企画が具体化した。しかし具体化してから刊行日までの余裕がなかったため、行き届かない点も多いが、私にとっては数年ぶりの書き下ろしの本であり、極力平易に私の考えをまとめたつもりなので、初めて私の考えに接する方には御参考になる点もあるかと思う。

なお本書の原稿に関しては、豊田市で運動脳力開発研究所を開かれている栢野《かやの》忠夫氏に、私から話を引き出す役をつとめていただいた。

栢野氏とは昨年御縁ができたが、既成の運動理論の枠に縛られぬ自由な発想と、緻密な観察眼の持ち主で、おそらくこれからのスポーツ界では貴重な存在になられると思う。出会って日も浅いのに、よく私からさまざまな話を引き出して下さったと思う。刊行までの時間が限られていたため、本書ではそれが生かしきれておらず申し訳なく思っている。お世話になったことに改めて感謝の意を表したい。

また、本書で取り上げさせていただいた巨人軍の桑田真澄投手、桐朋《とうほう》高校バスケットボール部の金田伸夫監督、長谷川智《さとし》コーチをはじめとする指導の先生方、そして現役の部員及びOBの諸氏、日本の射撃のナショナルチームの藤井優監督といった方々にも同じく御縁をいただいたことに深く感謝の意を表したい。

なお本書の編集に関しては鈴木忠行氏にお世話になった。あらためてここに謝意を表したい。

癸未之年　正陽

甲野善紀

目次

第一章　今に生きる古武術

1　桑田投手新生の軌跡

ジリ貧状態の中から

桑田真澄投手が私の道場「松聲館《しょうせいかん》」に通うようになって、まもなく三年になります。

私は野球にはほとんど関心がなかったのですが、桑田選手が高校時代からPL学園のエースとして甲子園に連続出場し、その後読売ジャイアンツに入団して活躍したことや、肘《ひじ》を痛めてアメリカで手術したのち復帰して、一時は活躍したものの、近年調子が落ちてきているらしいという程度のことは知っていました。

ですから、その私でも知っている桑田選手と縁ができようなどとは、もちろん全く考えてもいませんでした。

ところが縁というのは不思議なもので、二〇〇〇年の一月、神奈川リハビリテーションン病院の理学療法士、北村啓《けい》氏が私に関心を持ち、後輩で読売ジャイアンツ専属の理学療法士、神谷《こうや》成仁《なるひと》氏を伴って道場に来られたことがきっかけで、二月の終わり、この桑田投手との縁がつながったのです。

二月の終わり、私が神奈川リハビリテーション病院に招かれて理学療法士を対象とした講演会を行ったとき、そこではじめて桑田選手と会いました。それをきっかけに彼は、私の道場に通うようになりました。

かつての桑田選手は、特に肘を痛める前など、軸足に体重を載せて支点を作り、身体を思いっきりひねって力をため、うねりながら投げるという、いわゆるダイナミックなフォームでファンを湧かせたようですね。

しかし肘を傷めたこと、加齢による筋力の衰えなどにより、それまでの投球法ではプロ選手としての寿命がもたないと感じはじめていたようです。「このままジリ貧状態になってしまうのか」という、行き詰まりの状態から抜け出す道を桑田選手なりに探していたのでしょう。もともと関心があった武術に積極的に取り組みたいと思いはじめていたようです。聞くところによると、ブルース・リーの動きなど、何度もビデオで見たそうですから。

そうした状況にあったからこそ、桑田選手はそれまでの野球の常識にとらわれることなく、新たな気持ちで武術に取り組み、新しい発想を持つことができたのだと思います。

桑田真澄投手　PL 学園のエースとして甲子園に 5 回出場，そのうち 2 回優勝．1986 年，読売ジャイアンツにドラフト 1 位で入団．翌年からは 2 桁の勝利を収め続けて，94 年 7 月に 100 勝をマークし，プロ野球界を代表するピッチャーとなる．

95 年 6 月，試合中右肘の靭帯を痛め，同年米国で靭帯手術，1 年間のリハビリを余儀なくされる．

97 年に復帰を遂げ，2 年連続で 2 桁勝利を収めるが，それまでのフォームでは右肘の痛みが拭えず，99 年以降は先発を外れ，リリーフで投げる機会も増えていく．

2000 年の武術との出会いをきっかけにフォームを変え，2002 年，原辰徳新監督のもと先発にもどって，12 勝 6 敗，防御率 1 位の成績を残し，この年の日本シリーズでも活躍した．2006 年に巨人軍を退団．大リーグ挑戦を経て，2008 年現役引退．

二〇〇〇年は三月に二、三回稽古に来て、ペナントレースが始まってからは来られなくなりましたが、二〇〇一年はけっこう通ってきました。そしてこの年、武術への理解が進んだため、それまでのフォームに対する疑問が具体化したためでしょうか、かえって調子を崩して二軍落ちし、そしてまわりからも引退を囁《ささや》かれていたようですが、後半に武術をヒントにした投球法の感触をつかんだようです。ただ首脳陣からは、先発投手としての力はないとの評価が決定的で、桑田選手自身も気持ちはほとんど引退へと傾いていたようです。

その桑田選手に先発で投げるチャンスを与えたのは、二〇〇二年からジャイアンツの指揮を執ることになった原辰徳新監督でした。桑田選手が私のところで武術の稽古をしたなかから作り上げた、「捻《ねじ》らない、うねらない、ためない」フォームは、当初野球解説者から「手投げ」とか「迫力に欠け、力がない」という、さんざんな評価を受けていましたが、その酷評とはうらはらに、シーズンの序盤から今までにない安定したピッチングで防御率のトップ争いをするほどでした。

ただあまりに今までと違ったフォームのため、相手チームのバッターも打てないだけでなく、味方チームの選手たちのタイミングも狂うのか、味方の打線も湿ってしまい、相手を一点に抑えても負けてしまうような試合が多くなっていました。

そこで、これは気分を変える必要があると思い、当初は私に迷惑がかからないようにと、私の名前を出すことをためらっていた桑田選手に、はっきりと私の武術にヒントを得ていることを公表するように勧めたのです。

それできっと流れは変わると思ってはいましたが、私のことが新聞などに出て以後、桑田選手は負けなくなり、ペナントレースが終わってみれば、一二勝六敗、防御率二・二二でセ・リーグ一位という見事な成績を収めた上、日本シリーズでも活躍し、二〇〇二年のシーズンを終えたのです。

子供のような好奇心が桑田選手を救った

桑田選手が武術を通して新たな身体操法を身につけ、それによって成果を上げることができた理由のひとつには、今話したように、彼がこのままではダメだという危機感を持ち、そこからなんとか抜け出そうと模索していたことがあります。そのような状態になってあせって自滅する人と、発想を根本から切り換えて新しいことにチャレンジする人とがあると思うのですが、桑田投手は後者の方だったのですね。

それからもうひとつ、桑田選手には子供のような好奇心があり、興味の赴《おもむ》くままそれを追い、深い世界を求めていきたいという純粋な思いがあったということです。

一般に指導者の立場にあったり、ベテランと呼ばれるようになると、自由な発想を持ちにくくなります。自分がやってきたこと、自分のやり方に非常にこだわり、別の考え方ややり方に対しては、端《はな》から見向きもしない人が非常に多いものです。彼自身、この新しい投法については、「プロ野球界に相談する人はだれもいなかった。だからこれは先生と二人で作ったようなものです」と週刊誌のインタビューで答えていました。

ただ桑田選手自身、私の武術に対しても「何かある」とは思ったものの、最初は懐疑的なところもあったようです。彼にもプロの投手はこういうふうに投げるべきだという考え方が強くあったと思いますから、別の投げ方があるという発想を確立するのは大変だったと思います。

しかし理学療法士の神谷氏の案内で最初に私の道場にやってきたとき、桑田投手は、私が牽制球《けんせいきゅう》の動きをやって見せると、驚きを隠しませんでした。私は彼に牽制球のフォームを見せてもらってから二分ほど考えて、その場の思いつきで生まれて初めてやって見せたのですが、セ・パ両リーグのどのピッチャーよりも速いと言われました。これは、たしかにひとつのきっかけになったと思います。

野球解説者に敬遠される桑田流投法

スポーツの指導者でもベテランと言われる人ほど、なかなか新しい発想を持つことができないという具体例のひとつだと思うのですが、桑田選手の活躍によってあぶり出されてきた面白い現象があります。

桑田選手が二〇〇二年のペナントレースで活躍した際、「桑田投手の活躍の裏に、古武術あり」と新聞などで盛んに報道されました。雑誌をはじめとして、たくさんの出版社から取材や出版の話が私のところに来ました。しかしテレビ局からはほとんど反応がありませんでした。私はテレビ局が来たらどう断ろうかと思っていたので、それはそれでよかったのですが、あれほど野球の中継を流し、スポーツ番組があるというのに、テレビ局が動かないというのは不思議な現象です。

どうしてなのかと思い、そうしたことにかかわりのある人に訊いたところ、テレビ局側は私のところに取材をする企画を作ってはいるらしいのですが、聞き手というかコメンテーターとして野球の解説者らに相談すると、そうした野球の解説者の腰がひけてしまうらしいのです。野球の解説者は多くが元プロ野球選手ですが、そういった人は、自分のやってきたやり方が正しいと思っていて、それとは異質なもの、あるいは理解できないものを敬遠してしまうからのようです。

桑田選手は、「アメリカのいわゆる科学トレーニングか、走り込みや千本ノックの根性野球しか知らなかったけれど、もうひとつ全く別なものに出会った気がしました」と言っています。彼が「全く別の方法」と言い、成果も出しているわけですから、「それ興味ありますから、詳しく教えて下さい」と言う人がいてもいいと思うのですが、結局みんな自分のプライドが邪魔をして、素直に訊けないのでしょうね。

ある野球解説者が、かつての桑田投手の投球フォームと現在のフォームを見比べて、「ぼくは昔の桑田のフォームの方が好きだな」と言っていたそうですから。

例外的な理解者・藤井優監督

野球に限らず、スポーツ競技のトップの立場にある人で、私のことを理解してくれる人はきわめてまれです。ただ、そんななかにあってシドニー・オリンピックの射撃の総責任者ともいえる藤井優監督は例外的な存在です。

射撃は、日本がメダルを多くとっている競技です。華やかではありませんが、日本人の凝り性な面に合っているのでしょう。

藤井監督とは一度会っただけで、私の考えに大変共感して下さいました。この射撃の監督は、あらゆるスポーツ指導者の中で私の身体の使い方についての考え方を直ちに理解して下さった本当に珍しい方です。初めてお会いしたとき、ちょっとお話ししただけで話の通りがすごくよかったですね。

どのような点で話が通じたかというと、たとえば身体全体を使うということです。射撃では的を正確に撃つために、わずかな単位の微調整が必要です。しかしこれを小手先だけでやるのは非常に難しい。ほんの少しのブレも射撃には大きなズレになりますから。

ところが、ハンドルを例に説明しますと、大きなハンドルであれば、円周を少し動かしたとき、中心の動きはごくわずかなものになります。射撃の場合も、微調整をするのに身体全体を使うようにすれば、手先の微妙なコントロールが可能になります。つまり、つま先を一センチぐらい動かしても、手元はミクロン単位でしか動かない。そういうことを手先ではなく、身体全体がぴたっとくるような感触として身体で覚える。このことは、小さなダイヤルをちょこちょこ動かして調整するよりも、大きなハンドルの方が微調整しやすいことを考えてもらえばわかるかと思います。

このあたりの話が、本当によく通じました。「まさにそうだ」という感じですぐわかっていただけたのです。だから、藤井監督は、私に対し私が思っていた以上に思い入れを持って下さったようで、山形に私の稽古しやすい場所をつくっていただき、大変感謝しています。

ですが、これは本当に例外です。藤井監督は大変頭の柔らかい人で、そういう人物が指導者のトップにいること自体まれだと思います。なにしろ私の技を見て体験した、日本でも名を知られたスポーツの指導者の中には、後で「あれは催眠術じゃないのか」ともらしていた人もいたそうですから。

実際にやって見せる

桑田投手も、どういうふうに武術を野球に生かせるか、はじめからはっきりしていたわけではもちろんありませんでした。ただ、肘に負担をかけないで投げるためのヒントが何かないかな、という感じだったのでしょう。

私にしても、もちろん何をどうしていいか、皆目見当もつきません。そこで先ほども言いましたが、最初にピッチングに関するさまざまなルールを聞き、ピッチングにおける、うねらない動き(73頁以降参照)を考えている段階で、「そうだ、牽制球には武術の動きが応用できるかもしれない」と思いついたのです。具体的に言うと牽制球の振り向く動作に、私がつくった抜刀術の型、逆手《さかて》抜飛《ぬきひ》刀打《とううち》が応用できそうだと思ったからです。

そして桑田選手に実際に牽制球の投げ方を見せてもらいました。私は野球には全く素人《しろうと》ですが、武術の立場からその動きを見ると、無駄な動きがどうしても目につくのです。一流のプロ野球の選手といっても、武術的に見れば、重心の処理の仕方ひとつとっても手続きがかかりすぎるのです。

武術はとにかく動きを、できるだけ省略したい。分数の計算に喩えれば、約せるものは約してすっきりした形にしてから計算したい。なぜならその方が計算が速いからです。

そして、私ならどうするかを抜刀術や太刀どりを参考に、二分ぐらい考えて、その場で初めてやってみました。ところが私が二分で考えてやった牽制球のフォームを見た桑田選手と理学療法士の二人の感想によれば、「セ・パ両リーグあわせても、これほど速く投げられる人はいない」ということだったのです。

私の牽制球がなぜ速いかというと、うねり系の動きではなく、またうねり系に必要な〝ため〟もないので、一塁側に振り向いたときにはもう球を投げられる体勢になっていること、それから、一般的なフォームのように、踏ん張って、上半身をうねらせるようにしてボールを投げるという具合に、段階を踏んで時系列的に身体を使うやり方ではなく、同時にいくつもの動作を行うからです。ドミノ倒しのように動きを伝える一般的な身体の使い方(76頁参照)は、それなりに利点もありますが、それでピッチングした場合、たとえ一五〇キロのスピードが出ようと、狙い撃ちされやすいのです。動きのプロセスがわかるので、相手にタイミングを合わせられてしまうのでしょう。

私がやってみた牽制球を桑田選手も真似してやろうとしましたが、その場ではできなくて、苦笑いしながら「これから取り組んでみます」と言っていました。当初は半信半疑だった桑田選手が武術に対して前向きな気持ちになったのは、こういうことを見聞きしたからでしょう。

一般に、スポーツのコーチは言葉で説明するだけがほとんどのようですが、武術における師匠の最大の意味は、実際にやって見せることにあります。「こんなことって、本当にあるのか」と、実際に肌身で実感させることが、何にもまさって説得力を持ち、稽古人に意欲を持たせます。

私はもちろん野球そのものを桑田選手とやるわけではありません。ただ、ピッチャーといっても三割近くを打ち、打撃も悪くないと言われる桑田選手と竹刀《しない》で打ち合ったりはします。桑田選手が、思い切り竹刀を振ってくるのに対し、私の方は見たところはほとんどバックスイングなしで当てるだけ、それで私より一七キロほども体重が重い桑田選手の方の体勢が崩れる。また、私の片手を両手で抱きつくようにしっかり持ってもらって、下へ崩すといったデモンストレーションをやると、「どうしてこんなことが起こるのか」と驚きます。こうした驚きによって、桑田選手は次第に武術に深く関心を持つようになったのだと思います。

共同研究者としての桑田投手

私がやっているのは、古武術といっても、実質的には創作武術です。つまり古伝を参考にしていろいろと模索しているのであって、ある特定の古伝の流派をそのまま受け継いでいるのではありません。ですから常に試行錯誤の連続です。私がよく古武術家とか古武術研究家といわれるのは、やっていることが現代武道ではなく、分類すれば古武道・古武術に属するというだけの話です。私はそういうスタンスでやっています。

私のところでは、段や級を設けていません。なぜなら、私自身常に模索し続けているからです。段や級は、自分なりに確かなものがあって、その価値基準に対してどの程度近いかあるいは遠いかという評価ですから。私自身が模索しているのに、評価を出すこと自体おかしいわけです。

私のところに来る人は、常に共同研究者です。ですから「何がいいんですか。これ、効きますか」という出来合いのものをそのまま受け取ろうという姿勢の人では続かないし、不向きですね。いっしょに探求することが重要です。

私は、スポーツの現場などに出向いたときなど、何かアドバイスを求められる場合でも、「生産直売」といって、その場で考え、その場でやってみます。そのとき思いついたことに自分の経験を重ねながら、話している中で形を作っていきます。

桑田選手の入会を受け入れたのも、彼を「指導」したかったわけではなく、むしろプロの一流と呼ばれる人が、どんな身体の使い方をするのか興味があったにすぎません。あとは、私の中で感じたことをどんどん彼に言って、それをどう受け取るかは彼、桑田選手次第というつもりでした。ですから、いわゆるコーチの感覚ではないと思います。私が稽古会を作ったのは、あくまでも自分の技や内面の研究が主ですからね。自分に進展がなかったら、人を教える情熱なんかも、まるで湧かないと思います。

こんなことを言うと、まじめにコーチとして指導している人にとっては腹立たしい話かもしれませんが、私は自分の身体操作能力を高めることに一番関心があり、私にとって桑田選手にかかわったことは、いわば副業にすぎません。副産物といってもいい。好成績を挙げたのも彼自身の努力によるところが大です。だからこそ私は彼を尊敬しているし、師弟というより、同志だと思っているのです。

ですから、桑田選手が稽古にきたときは、彼といろいろ話をしながら、私自身も自分の動きを検討します。彼が私のところに入門したいと望んだときも、もし武術が野球などに応用できたら面白いだろうなという感じで、非常に気楽な気持ちでした。

でも、コーチをやっている人は気楽ではないでしょう。成果が出なければ、自分の業績にもかかわります。私とはスタンスが全く違います。

私が、「桑田選手に活躍してほしい」と思うのは、いわばファンの心理です。親しくなれば、当然試合で勝つかどうか心配になります。よく知っている人が試合に出れば、気になったり、応援したくなったりするのと同じで、自分の評価が上がるとか下がるとか、そういうこととは別のところにいたと思います。

本音を言えば、彼が私のところで気がついた身体の動きを野球に応用して、はたして有効な動きになるかどうかだって、全くわかりませんでした。「だいたいそんなもの、すぐ応用が効くのかなあ。でもプロだと長い年月かけて改造に取り組めないし、大変だろうな」と思っていました。ですから、教えるというよりいっしょに動いて話をしたということですね。教え導くというような雰囲気ではありません。

ただこう言っても、多くの方が実際に私が桑田選手に対してどういう指導をしたのか知りたいと望まれているようなので、少しお話ししましょう。

すでに言いましたが、桑田選手と野球の動きをすることは、ほとんどありません。最初に、私が桑田選手の牽制球のフォームを見てから、私自身の牽制球のフォームをやって見せたことがありますが、他にはごくたまに彼のピッチング・フォームを見て私なりの感想を言ったり、彼が、「守備のとき、この間こんな動きが無意識のうちに出ました。自分では全く意識していなくて、家に帰ってビデオで見て驚いたんです」などと言って動きを再現してくれるのを見て、「ああそれは膝が抜けて、地面を蹴らなくなったからできるようになったんでしょう」などと、その動きの原理を説明したりする程度ですね。

それ以外は、木刀を使っての〝前後斬り〟とか、正面と右横、あるいは左横を瞬時に身体の向きを変えながら、共に真向に頭から腹のところぐらいまで斬り下す〝三方斬り〟とか、身体を捻らないように使う上でわかりやすい抜刀術の〝後抜き構《がまえ》〟や、牽制球のフォームにも使った〝逆手抜飛刀打〟(この動きはほとんどやっていませんが)などをやりました。

それから、桑田選手が気に入ってかなり上手になったものに、杖術《じょうじゅつ》があります。この杖では〝下段抜き〟〝影踏み〟〝下三方突き〟〝四方突き〟〝追打〟などをやりましたが、なかでも下段抜きは桑田選手も気に入っているもので、最近は彼の動きもなかなか見られるようになりました。

桑田選手はペナントレース中もこの杖を短めに切り縮めたものをバットケースに入れては持ち歩き、ホテルの部屋などでも稽古を欠かさなかったようです。

こうした道具を使ったもの以外では、手刀と手刀を切り結んだ状態で切り落とし合う〝切り込み入身〟〝体当たり〟、体当たりの躱《かわ》し、膝を抜いて身体を沈めながらの身体の転換、茣蓙《ござ》の上に立っていてもらって、その茣蓙を急激に引いたとき、その茣蓙を引くタイミングに遅れずに膝を抜くことによって身体が倒れないようにする〝茣蓙引き〟(100頁参照)などを、技の原理を説明しながらやっています。

そんなわけで、稽古時間の半分かそれ以上は話をしていることがあります。なにしろ動きそのものの稽古は家に帰ってから一人でもできますから、道場へ来たときはそれらの動きを通して身体の使い方の発想を転換してもらえるように、いろいろとヒントになりそうなことを、さまざまな〝喩え〟を使って話すのです。

こんな感じでやっていますから、普通の人が想像するような何か神秘的というか、あるいは厳しく叱責するような稽古では全くありませんし、いわゆる精神訓話的な話をすることもほとんどありません。

スランプがあるのはおかしい

ただ、一度だけ桑田選手に説教じみたことを言ったことがありました。それは彼がまだ私のところに来はじめて間もない頃ですが、二十代のはじめ頃を回想して、「桑田が投げると、中継ぎや控えの投手には出番がないと、昔は言われたものです」というような、思い出話をしたときです。そのときだけは彼に、「私は、それは根本的に違うと思う。過去をよかったと言うのは、その程度で満足しているということになってしまうでしょう。そのときもまだまだだった。たまたま運がよかっただけであって、決して動きがよかったということではない。まだまだはるかに上がある、と思わなければダメでしょう」と言ったのです。昔はできたが今はスランプに陥っているという発想から脱しなければなりません。

そして二十数年間、私にはスランプがないという話もしました。なぜなら私はずっと自分の動きがまだまだだと心から思っているからです。私も、自分の技について二割くらいの自信はあります。でもその程度です。残りの八割は本当にだめな自分を認識しています。スランプがあるのは、それまでのちょっと周囲よりはよかったという程度の、未熟な自分をいいと思っているからです。私はそんなふうに考えません。謙《けん》遜《そん》ではなく、心から自分の未熟さを感じているのです。だから二十数年間、全くスランプがなかったのです。

ただ一度、一か月くらい辛い時期がありました。それは技が落ちたわけではなく、発見、気づきがなく、進行が止まったからです。私の場合、常に発見があって進んでいるのがあたりまえだったので、それがなくて現状維持のままというのはとてもきつかったのです。

「三割も打てる」のか、「三割しか打てない」のか

現在の野球の世界では三割打てば打者としてたいしたものだと思われているようです。しかし三割打ったらたいしたものと考えるから、スランプが生まれるのです。八割ならまだしも、三本に一本打てる程度でなぜ満足するのか私にはわかりません。たぶんみんなが三割くらいだったらいいだろうと暗黙のうちに決めただけのことです。ですから、本当のプロなら、逆に「三分の一しか打てない」「どうして三割しか打てないのか」と思ってしかるべきです。少なくとも空振りするのは、いかに未熟かと考えなければおかしい。そういう考えを持ってさらに技を探求していけば、スランプなんかになるはずがありません。

今では桑田選手も私のその考え方に少しずつ染まり始めているようで、「三割くら

い打つピッチャーなんてとてもいないと思っていたのに、先生には四割打てなきゃと言われて、そうかなと思っていたら、結果として三割くらい打てました」と言っていました。また今期(二〇〇二年)は投球も安定して、かつては仮に完封完投しても、次の登板では二回くらいでノックアウトされることがあったようですが、今期はそういったことが全くなかったですね。それは勝利を収めても現状に満足せず、さらにもっといい投球を目指そうと思うようになったからでしょう。

かつて豪快に捻って、うねってという感じで投げていたときは、才能があるとは言われていましたが、安定感がなくムラがありました。それが二〇〇二年になって、武術の身体操法を取り入れてからは、「マウンドからキャッチャーのミットまでレールを敷いて、その上に模型の電車を載せるとスゥーッと走っていくように、コントロールが安定してきて、少々体調が悪くても狂わなくなりました」と彼は言っていました。

技に絶対はない

ここ数年で私は、野球に限らず、バスケットボール、アメリカン・フットボール、フェンシング、ラグビーなど、多くのスポーツ関係者と交流を持ってきましたが、これからはさらにその輪が広がりそうな気配です。スポーツはルールに限定されているので、動きの質というものを高めようとするとき、そのルールの枠で、より厳しい条件を付けられるという面白さもあります。

いずれにしても私自身、自分の身体の使い方が、かつてに比べれば有効だとは思いますが、先ほども述べたように、これでいいと思っているわけではありません。ですから時々出版社から技の決定版を書いてくれと言われるのですが、そんなものは書けません。ビデオでも本でも、身体の気づきと技の開発の軌跡を残しているだけです。

何でもマニュアルでやることに慣れ、三択や五択の試験ばかりで育ってきた人は、パソコンでもIT機器でも、新しい機種が出ると、「どれがいいの」と人に訊いて、よくわからなくても、とにかく一番いいものを買おうとします。しかし、そういう人には私の言っていることがよくわからないでしょう。

これはほかの家電製品やクルマの改良と同じことです。最近スポーツなどの新しいトレーニング法を研究している栢野さんという方と、稽古法や身体の使い方についていろいろと話すことがあるのですが、その栢野さんが、

「クルマもさまざまな面で機能が向上していて、昔に比べてより速度が出る、より燃費が少ない、より有効と、性能がアップしていますけれど、だからといって「究極のクルマ」なんて、常に追求してはいても、現実には表現の上でしかありえないんで

すよね。これまでとは全く違う発想で、燃料を燃やさない推進方法というのもこれから開発されるかもしれませんけれども、それにしたって現在のレベルでは有効だというにすぎないでしょう」

と、言っていました。

この人はトヨタに以前勤めていて、今は身体の使い方、トレーニング法に大胆な思考で取り組んでいるのですが、

「車の場合は、「前に買ったマークⅡより今のニューマークⅡの方がいいじゃないか」と文句を言う人はいないのに、こと身体の技については、人はそういった考え方をしないもので、「前に言ったことと違うじゃないか」と言われることがあって困ります」

と嘆いていましたけれども、全くこの栢野さんの言うとおりで、身体の使い方や技は進展していくものなのです。

ですから、桑田選手に対してもそうですし、ほかにも話が通るようになってきた人に対しては、私は共同研究者としてお付き合いしています。そして、「こういうやり方がある」「こちらの方が有効」という話はしますが、「こうすべきだ」と、特定のやり方を押しつけるようなことはしません。

このことに関連のあることですが、先ほどの栢野さんがコーチについて面白いことを言っていました。「既存理論をそのまま使って指導するような、探究心のないコーチのやり方は、車に喩えれば、いわば中古車である」と。その場合、選手たちは中古車に乗せられていることになるわけです。中古車は、ある面なじみはあるかもしれませんが、それ以上の機能は期待できません。

この例で言えば、私は常に新型車を開発しているようなものです。既存の考え方にあきたらず、あるいは限界を感じて、常にそれ以上を目指してモデルチェンジばかりしているわけですから。

「できあがったもの」よりも「できる経過」

私は、「これが正しい」「これを覚えなさい」というかわりに、「こうすればこういうことができる」という材料＝ヒントを提供し、わかっていることはここまでだと、私の持っているものを全面的に提示しています。

このことに関して、以前『縁の森』(合気ニュース、一九九七年)という本を一緒に出した、私の稽古会の古くからの会員である中島章夫氏が私のことを、「教えたがり屋ではなく、学びたがり屋だ」と評していますが、私は稽古に来た人といっしょに考え、初めて来た人であっても、とにかく現在研究中の最先端の話をします。そこでまず技を体験してもらい、関心を持ってもらってから過去の理論に入って説明します。

「井桁《いげた》術理」(73頁以降参照)を生み出したのは、十年ほど前のことです。そのときはそれを革新的だと思っていましたし、たしかにそのときから私の技は大きく変わりましたが、今ではそれは私の技の体系の当然の前提であり、研究はそこから先に進んでいます。

かつて私は肥田春充《はるみち》という人が、肚や丹田に注目して創始した〝肥田式強健術〟に強い関心を持ったことがありました(肥田翁は丹田のことを、「聖中心」あるいは「正中心」と表現しています)。しかし肥田式強健術について書いてある本には、正中心を自覚したことによって得られた効用は山ほど書いてあるのですが、肚、丹田に着目した理由については、ほんの一行「腹の力に着目した」と説明しているだけなのです。

なぜそこに注目したかという経過については、このようにごく簡単にしか書かれていませんが、探究心のある人間が一番知りたいのは、結果よりもむしろ経過なのです。新しい気づき、発想、それによる技の進展、そういったことがどのような流れで起こったのかですね。その結果得られた成績ももちろん重要ですが、あとから続く者にとっては、どのルートで山を登っていったか、その地図が何より貴重なのです。

動きを工夫すれば三十代半ばでもまだまだ伸びる

桑田投手は打たせてとるタイプのピッチャーで、完全に抑えこむというタイプではありません。ですからときどきはヒットを打たれ、ランナーも何人か塁に出ます。ただ、二〇〇二年の防御率(二・二二)が示しているとおり、相手チームにとってここぞというときに点を許さないようになりました。つまり、連続して打ちこまれることがなくなったのです。

とはいえ、防御率二・二二というのは、それだけ打たれているということですから、技の完成度から見ればまだまだです。もし桑田選手のピッチングの動きが、さらに無駄のない微妙なものになってくれれば、どうしてだろうと不思議に思われるくらい、打たれなくなってくるはずです。

もちろん桑田選手もそのことを自覚しはじめていると思います。話していて、現在の自分の未熟さがうれしい、楽しいと考えていることが伝わってくるのです。つまり自分の武術的な動きがまだまだだと実感すれば、今後さらに身体が使えるようになり、もっと先までいけるという将来の希望につながるからです。

これは、彼よりも二十ぐらい歳が上で、体重も一七、八キロ軽い私と武術の技をやりあっても、まだ圧倒的に私の技の方が通って、彼自身が対応できない現実を肌で感じているからでしょう。一七キロの差があると、普通はすごく違うものです。でも動きの質が変われば事情は全く変わってくる。私ぐらい身体が使えれば野球の方もまた違ってくるという希望が持てるでしょうから。とにかく、現在の桑田選手の動きのレベルでも成果を挙げているのですから、今後さらに武術の動きを身につけることができれば、もっといろいろな世界が開けるだろうと思っていることでしょう。三十代半ばで、一度は引退を覚悟した桑田選手ですが、今は「あと何年投げられるだろうか？」という投手人生のゴールが、見えないくらいずっと遠くなったと言っていますから。

2　バスケットボールと古武術

ジョーダンの動きを古武術に見る

私がかかわったことによって、目に見えて成果が挙がった最初のスポーツ競技は、バスケットボールです。具体的にいえば、桐朋《とうほう》高校のバスケットボール部です。

桐朋高校は東京の国立市にあるいわゆる進学校で、もともとバスケットボールが強い学校ではありませんでした。それが二〇〇〇年には岐阜インターハイに出場、ウインターカップでベスト16の成績を収めて以来、マスコミやほかのバスケットボールチームから注目されるようになりました。

桐朋高校バスケットボール部の金田伸夫監督は、バスケットボールのオリンピック候補選手になるぐらいの力量を持つ人でしたが、膝を悪くして選手として続けることを断念したようです。ただ、自らがオリンピックの代表選手近くにまでなっていたので、バスケットボールのトップレベルの人の動きの感触は肌で知っていたわけです。

ところが私と対したとき、自分が今まで経験したことのないことが起こったそうです。金田監督はそのときの感想を、

「甲野先生の動きを止めようと思ったら、先生がふっと私の脇に抜けていました。「これはどういうことですか」と訊ねたら、「普通はみんな足で蹴って逃げるでしょう。ところが蹴っている間はその場に居付いて、拘束されてしまうんです。そこで身体の支えをはずすようにして、いきなり身体が倒れるようにすれば、もちろん倒れてしまってはだめですが、倒れようとする重力のエネルギーが使えるでしょう」と説明されたんです」

と述べられています。理解力のある方だったので、そのあたりの話がよくわかったのでしょう。

実際に日本のトップクラスにあるバスケットボール選手の動きを肌で知っていた人だから、抑えようと思った瞬間ぱっと消えたときの驚きが大きかったと思います。それで「えっ?」ということになったのでしょう。

金田監督は、私の動きを見て、これで天才と謳われたアメリカのNBAで活躍しているマイケル・ジョーダンの動きの説明がつくのではないかと直感したそうです。ですから、当初は具体的な応用方法がみえなかった桑田選手に比べると、出会った最初

から私への関心が強かったのだと思います。

なにしろバスケットボールの世界では、「マイケル・ジョーダンは並みの選手では なく天才だから、普通の人が真似するとかえって動きを崩してしまう。だからジョーダンの動きは真似するな」と言われているそうですから。ところが金田監督は私の動きを見て、ジョーダンの動きというのは、身体を捻らないところに秘密があったんだと気づいたらしいのです。

私の道場に初めて来て、直ちに私の動きとマイケル・ジョーダン選手の動きとの関連を思いついたという金田監督ですが、私のところへ来るときは、桑田選手の場合よりも、もっと期待が低かったようです。

ただバスケットボールのクラブの指導について悩んでいたとき、同僚で、すでに十年くらい私と親交のあった剣道五段の長谷川智《さとし》コーチ(当時はまだ桐朋の体育の講師)に「まあ、金田先生、何かの参考になるかもしれませんから、一度行ってみましょう」と誘われ、積極的に断る理由が見つからないまま、半ば以上は同僚への義理で私のところへ来られたというのが、正直なところだったようです。

武術の技が生きるバスケットボール

バスケットボールの場合、武術の身体操法がかなり全般的に応用できます。フェイントの動きは、剣をかわすことに通じますし、疲労の少ない走り方や、あるいは相手の選手との接触プレーなどにも、比較的そのまま武術の動きを応用できます。

だからといって、私がひとつひとつ指示したわけではありません。訊かれたら、「私だったらこうやります」と見せるだけで、それを応用したのは、監督や選手のみなさんです。

しかし、それまで常識とされてきた考え方とあまりにも違うので、金田監督は本当に辛かったようです。武術の動きに切り替えるということは、今まで自分が信じてきたことを捨て去ることを意味しますから、当初はノイローゼになるほど思い悩まれたようです。やめようかな、無理だなって思ったことが何度もあったと聞いています。

だからよく金田先生は、「うかつに取り入れようと思ったら、えらい目に遭いますよ」と、桐朋スタイルに関心を持って話を聞きに来たほかのチームの人に言っているそうです。実際に桐朋の真似をして、武術の動きを取り入れようとして失敗した例は、二、三にとどまらないようです。

金田監督は、バスケットボールのチームが古武術を導入して失敗する例として、

「先生(指導者)自身がやらないで生徒に「やれ」というもの」「古武術をやればすぐ強くなると思っているチーム」「技を手に入れるまでの熟成期間にあきらめてしまうパターン」を挙げていました。

また武術の動きの有効性を挙げた後に、

「このように書くとよいことずくめのような感じを持たれるかもしれませんが、マニュアルというのは偉大なもので、それがないというのは想像を絶する大変さがつきまといます。その大変さを楽しめる方(チーム)にとっては、古武術という選択も面白いのではと思います」

と、実にその苦労の後をしのばせるような感想を述べられています。

「かっこいい」が転機に

武術の動きに心を惹《ひ》かれつつも、それを取り入れることに躊躇《ちゅうちょ》があった金田監督に武術導入を決心させたのは、鈴木伸之君の存在でしょう。鈴木君という選手がいなければ、金田監督もあそこまではっきりと武術の動きの導入に踏み切れなかったかもしれません。

鈴木君は十代の男の子らしく、武術の動きがバスケットボールに役に立つかどうかはともかく、「あんなふうに動けたらかっこいいなあ」と思って、私がやった武術の動きを真似していたようです。

そうしたら、右手と左足、左手と右足が同時に動く現代風の走りではなく、「なんば走り」という手を振らないで走る(振るとしたら、右手右足の同側の手足を同方向に動かす)、つまり体幹部を捻らない走り方を取り入れていくうちに、走るのが楽になったようです。この走りは、内臓を捻らないので、エネルギーの消耗が少ないのです。武術のことは気にはなるけれど、取り入れるのは困難だろうなと、監督がほとんどあきらめかけているところへ、鈴木君が「走っても疲れなくなった」と言ってきたのです。それで他にも何人か、武術的な身体操法を試みはじめる選手が出てきて、チーム全体が盛り上がったとき、はじめて、「いけるかもしれない」と思ったと言います。

そしてその後、特に目覚しく変わったのはM君です。彼は今や桐朋スタイルの一番代表的な選手になりました。

M君が私の武術の動きに接したのは、中学二年の夏で、その頃彼は、とにかくバスケットボールは大好きだったものの、特に運動神経に恵まれているわけでもなく、当時は特別目立つ選手というわけでもなかったそうです。

そんな彼が桐朋バスケットボール部の看板選手となったのは、学業も学年でトップ

なんば走り　②のような普通の走り方に比べ，①のように体幹部を捻らない「なんば走り」だとエネルギーの消耗が少ない．参考：日本文化出版(株)制作・発売ビデオ『バスケットボール革命』(以下，37，38，81，83，111 頁のイラストも同ビデオを参考にした．)

という、大変頭のいい生徒だったからだと思います。しかも、その頭のよさは、いわゆる受験のための勉強ができるのと違い、物事の本質について考えるタイプで、その思考力を使って武術の身体操法についても考え、バスケットボールに生かしていったのでしょう。

スポーツでは「理屈よりも身体だ、まず動け」と言われたりします。ある面そういうところもありますが、動きの質を変えようとするときは、頭も十分に使う必要があります。

よくスポーツや武道のクラブ出身の人間を「体育会系」と言って、単純であまり頭が回らない人間のようにからかう風潮がありますが、動きの質を上げるには、動きの原理さらには発想の転換を常に図る必要がありますから、柔軟でよく回転する頭は不可欠です。

私も動きの質について考えるようになってから、中学や高校時代の物理や数学をもっとちゃんとやっておけばよかったと本当に悔やみました。

試合に勝つことより、動きの質を変える

桐朋高校がインターハイに出た一番の理由は、先ほど触れたなんばの走り方を取り

動きの研究①　桐朋高校バスケットボール部の動きの研究のひとつとして，たとえば，軸足の蹴りによる跳び方ではなく一方の足を振り上げ，それに引っぱられるようにして跳ぶ跳び方がある．これをロングレイアップシュートに応用している．

①

②

動きの研究②　体当たりに対して両足で踏ん張ると，①のようにはね飛ばされてしまう．しかし当たる瞬間に重心を前に倒すようにして身体を浮かせると，相手の動きを止めることができる．

入れたからだと思います。それ以外に当時、技術的な研究はそれほど進んでいなかったと思います。ただ、走ってもエネルギー効率がいいと疲労が少ないので、後半にへたばらないのです。

当時はそのノリと勢いで東京代表になったようですが、現在はそういった目前の勝敗よりも、空中パスなどの技術的な研究を進め、動きの質を変えて、納得できる動きをしようという方向で練習しているようです。ですから何人かの選手の動きは、ちょっとほかでは真似ができないレベルになってきたみたいですね。ある人がこの練習風景を見て、「ジョーダンの卵みたいなのが何人かいますね」と言っていました。

桐朋は中高一貫の学校ですから、中学時代から工夫研究していると、やがて他校では真似のできない動きを身につけた生徒が育ってきて、ほかのスポーツ校とはひと味もふた味も違うチームになるのではないでしょうか。

これまで、武術の身体操法が現代のスポーツの世界で生かされた例として、桑田真澄投手と桐朋高校のバスケットボール部を取り上げて話をしてきました。そのことで、かつて日本で行われていた(正確にいえば、行われていたと思われる)武術の動きは、すでに使えなくなった古臭いものではなく、現代においても十分に通用する身体運用の方法であることが、ある程度はわかっていただけたかと思います。

次章では武術とは何か、私がどのようにして武術と出会ったか、井桁術理と私が命名した古伝の日本武術の身体操法の原理(それが今お話ししてきた現代スポーツ等にも生かされたわけですが)について話をすすめていこうと思います。

第二章　古武術とは何か

1　古武術と現代武道

総合武術としての古武術

通常、現代武道とは、柔道・剣道・空手道などの競技武道のことを言います。それ以外を古武道あるいは古武術と言います。ただし空手には古流もあります。その点、合気道は微妙で、現代武道と分類されることもありますが、基本的には競技武道ではないので(競技形態を取り入れた団体もありますが)、時に古武道として分類され、古武道の演武大会などに出て演武をする場合もあるようです。

それはこの合気道の開祖である植芝盛平《うえしばもりへい》という人物が、戦前、日本最大の新宗教団体で、戦後の新宗教界にも大きな影響を与えた大本教と深いかかわりを持ち、自らが創始した武道を、ほかの武道とは一線を画し、大本教が主張していた地上天国の招来といった理想と重なる心身浄化の道という思想性を強く打ち出したためだと思います。

現代武道といい、古武道といってもこのようにあいまいなところがありますから、厳密な区分けなどできません。ましてや古武道と古武術がどう違うかというと、これはもうさまざまな説があって、実質的な違いは何もないと言ってもいいと思います。

ただ私個人に限っていえば、なぜ私の主宰する会を「武術稽古研究会」と名づけ、「武道稽古研究会」にしなかったかというと、次のような理由があるからです。講道館の柔道は、嘉納治五郎《かのうじごろう》によって創始されたのですが、そのとき嘉納治五郎がこれを広く国民体育として普及させようと考えたのでしょう、「術の小乗を脱して道の大乗に」という趣旨でそれまでの「柔術」の名称を廃《や》め、「講道館柔道」と名乗ったことから(講道館以前にも直心《じきしん》流で柔道という名称がありましたが)、何か「術」と名乗っていると時代に乗り遅れたというか、精神的にレベルが低いと見られるのではないかという危惧を、武術界全体が持ったようです。明治になって文明開化一色になると、武術は野蛮旧弊の代表のように言われていましたから、無理もなかったのかもしれませんが、剣術も剣道になり、あとは滔々《とうとう》として空手は空手道に、居合も薙刀《なぎなた》もみな〝道〟がつくようになり、茶の湯や生花にまで〝道〟がつくようになりました。

ただ槍《やり》はもうほとんどやる人がいなかったのと、槍術《そうじゅつ》を〝槍道〟とすると〝騒動〟と同じ音になってしまい、いい感じがしないので、槍道とはまず言わないようですが、俗に言う「猫も杓子《しゃくし》も」といった感じで武術や技芸に〝道〟がつくようになったのです。

それはそれでいいと思うのですが、「術の小乗ではなく、道の大乗だ」ということで〝術〟という精妙な世界の追究がおろそかになり、自分の未熟さを素直に省みることなく、「武道というのは、個々の技を追究するようなレベルから脱して、精神を磨くことが大切だ」といったような言い訳が言われはじめ、その結果具体的な技の追究がおろそかにされている空気を私は感じたのです。

それで「これではいけない」と思ったのですが、世の趨勢《すうせい》というのは個人の力ではとどめようもないものです。せめても私は自分の未熟の言い訳に精神論を持ち出すようなことだけはするまいと思い、自戒の意味をこめて私の主宰する会を「武道稽古研究会」ではなく「武術稽古研究会」と命名し、〝術〟という、単なる繰り返しの延長線上にはない世界を追究していくことをはっきりとさせたのです。

さて、日本の武術はほとんどすべての武術が剣術、つまり日本刀の扱いや日本刀による攻撃への対応を前提として成立しています。棒術であれ柔術であれ、必ず剣に対する対抗技という考えが基本にあり、自らも剣を使えるようにしているのです。

昔の柔術は、脇差《わきざし》、つまり小太刀や短刀も鍛錬しましたから、全く素手ばかりというわけではなかったのです。その証拠に柔術の技法書を読んでいると、脇差などを持っていることがよくあります。ですから日本の武術は刃物を持っている相手にどう対応するかということが、考慮されているのです。要するに刃物という、触れたら切れるものに対する身体さばきが重要なことだったのです。柔術とはいえ、刃物を持っている相手にはうっかり組みつけませんから。

そういうわけで、古武術はある意味で、剣道や柔道というように分野を限定しない総合武術という性格を持っています。

私の場合、現代武道か古武術かと問われれば、現代武道には入らないので、あえて分類するならば古武術ということになるというだけで、実体は古伝の武術を参考にしている創作武術というのが、一番正確なところだと思います。

一器多用の日本文化

古武術が総合武道であるというのは、道具の観点から見てもいえます。攻撃を受けたとき、状況に応じて剣があれば剣で、なければありあわせの棒切れ、食器、手ぬぐいなど、それもなければ素手で対応します。

忍術の伝書に「一器をもって諸用を弁ずる者を忍びの巧みな者という」との言葉があります。このことを「一器多用」といい、日本文化の特色のひとつです。つまり、ひとつの道具、ひとつの器でいろんなことができるということです。たとえば日本家屋の部屋は、布団を敷けば寝室になる、そしてそれをたためば応接間にも、食堂にもなります。日本人は、そんなふうに同じ物を工夫していくつにも用立ててきました。食器にしても箸のような単純なものほど応用が利きます。明治時代、森鷗外がドイツに留学したとき、煮立ったビーカーか何かのなかに誰かが小物を落として困っていたのを、ガラス棒二本で箸とし、簡単に取り出したので、ドイツ人がみな感嘆したそうです。

逆に、ある特定な形に特化したものはあまり応用が利きません。日本の刀の携行の仕方にしても、特別に刀を腰に差すための小物はありません。もっとも鎌倉期のように、太刀を刃を下向きにして腰に佩《は》いていたときは、帯執《おびと》りや太刀緒《たちお》といった腰に太刀を吊るす付属の小物がありましたが、室町時代頃からそのまま帯に差すようになりました。そうするとこの方がさまざまに応用が利いたのでしょう。以後明治維新まで続きました。

日本文化の特色である一器多用、一具多用については、私も生前一度お会いして、いろいろと教えていただいたことのある、工業デザイナーで木工のことについてはただならぬ知識と技をもたれていた秋岡芳夫先生が、実にさまざまな方面の研究をされていました。

三十三間堂の通し矢——武術の競技化は江戸時代に進んだ

「武道は命のやりとりがその根底にあるから、スポーツとは次元が全く違うのだ」と説く人がいますが、世の中が平和になれば、武の技法もそれにあわせて自然と変わってきます。

泰平の世の中になって、武の技法の在り様が変わってきたことについては、有名な無住心剣術の伝書である『無住心剣術書』(別名『夕雲流剣術書』『剣法夕雲先生相伝』などの異称が多数ある)のなかで、次のように説かれています。

> 先師夕雲ノ談ゼラルヽハ、当世ヨリ百年許《バカリ》以前ハ、兵法サノミ世間ニハヤラズ。其《ソノ》子細ハ天下乱国ナルニヨリテ、武士安座ノ暇《イトマ》ナク、毎度甲冑兵仗《カッチュウヘイジョウ》ヲ帯シテ戦場ニ臨テ、直ニ敵ニ逢テ太刀打組合ヲシテ、運ノ強キ勇者ハ長《ナガ》ラへ、数度ノ場ニ逢テ自己ニ勝理ヲ合点シテ、内心堅固ニスワル事、当世諸流ノ秘《ヒ》傳《デン》極意ト云モノヨリモ猶《ナオ》タシカナル者多シ。如此ノ時代ニハ、我モ人モ取トメテ習フベキ隙モナク、若《モシ》又偶々《タマタマ》習テモ、戦場其外真実ノ場ノ働ニ及テハ、俄《ニワカ》ニ習ヒヲ以テ勝利

ヲ得難ク、只面々ノ運ト覚悟トニ任《マカ》セタルト見エタリ。近代八九十年此方《コノカタ》、世上モ静謐《セイヒツ》トナリ干戈《カンカ》自ラ熄《ヤ》ミ、天下ノ武士共安閑ニ居睡リスルヤウニ成行テ、戦場ニ臨テ直ニ試ミ習フベキヤウナケレバ、セメテハ心知良友ニ相対シテ、互ノ了簡ヲ合セ、勝理ノ多ク負ル理ノ少キ方《カタ》ヲ詮議シテ勤習スル事、治世武士ノ嗜《タシナ》ミト成テ、木刀シナヒナドニテ互ノ了簡ヲ合セ試ル事、兵法ノ習ヒト成テ、隙アリノ浪人等朝夕工夫煆錬シテ、所作ニカシコキ者ハ自ラ他ノ師トモナリテ教ヲ施ス。如此スル間ニ次第々々ニ兵法者卓散ニナリテ、諸流区々《マチマチ》ナリ。

これを読むと、昔はいちいち剣術など稽古せず、すべて実地で経験を積んでいき、その方が現在の秘伝とか極意というものより確かだったが、平和になって実践がなくなったので、習いごととしての武術が生まれてきたのだと述べられていることによって、武術の質が泰平の世の中になって、変わってきた傾向がわかります。

剣術でもこの状態ですから、直接相手と向き合わない弓射などはその傾向がより顕著にあらわれました。

そしてその典型が三十三間堂の通し矢です。通し矢は三十三間堂と俗に呼ばれる蓮華王院の、長さが六十六間(三十三ある柱の間が二間あるので、全長約一二〇メートル)ある西側外縁の縁の上に上り、この幅七尺三寸(約二・二メートル)、縁の上から縁の天井にあたる部分の棰木《たるき》まで二間四尺(約四・八メートル)の空間を、どこにも触れずに矢が通るかどうかを競ったものです。

はじめは腕に覚えのある武士が、自分の技倆《ぎりょう》を試すために行っていたようですが、その後、いわゆる三十三間堂の通し矢として天下総一の額を掲げようと、いわば競技化したのは、慶長一一(一六〇六)年、浅岡平兵衛が一〇〇射して五一筋の矢を射通してからのようです。

そのため当初はきわめて個人的なものだった通し矢が、次第に大藩や流儀がその面目にかけて射手を後押しして、通った矢数の記録を競う風潮が生まれるようになり、まさに現在のオリンピック競技と同じような状況になってきました。

つまり一本でも多くの矢を規定時間内に射通そうということで、日矢数という約十時間のうちに射通すものと、大矢数という射手の体力の限界に挑み一昼夜二十四時間の間に、どれほど射通せるかということを競うものとがありました。この場合、現代のオリンピックで、一万メートルとマラソンとではマラソンの方に注目が集まるのと同じようなもので、当時も世人の注目は当然大矢数に集まったようです。

そして弓具も短めの差矢弓に、矢は軽くてよく飛ぶように、篦《の》と呼ばれる矢の軸となる矢竹を、中央を太目にした麦粒形に削り、その篦に、はりつくような低い鴨の羽根を矧《は》いだ差矢というものが工夫されます。この矢はもちろん重い鏃《やじり》などは用いず、先は節根という矢竹の節を削ったものになり、筈《はず》も竹を削って軽くしました。

つまり武器としての矢ではなく、記録作りのための、全く競技向けの矢となっていったのです。

そのほか、弓弦を引く韘《ゆがけ》も、拇指《おやゆび》の入るところに角《つの》などを入れ、指への負担が格段に軽くなりましたが、弓を引くためだけに特化発達したこの韘という手袋では、合戦時の皮手袋の韘とは違い、とても刀や槍などを持つことはできません。

このあたりの用具の発達の経緯などを見ていると、現在のスポーツ競技のスキーやゴルフ、棒高跳びなどの記録が、用具の発達ときわめて密接な関係にあるのとよく似ていると思います。

そうした状況を背景に、通し矢の記録は六十年余の間に目を瞠《みは》るほどの向上を遂げます。

はじめ、千本以上の矢を通すまでは一七年ほどかかりましたが、二千本を超えるのに七年、二千本から三千本を超えるのに四年、そしてそこから一二年で、とうとう吉見台右衛門が六三四三本通しました。たださすがに七千本の大台には、そこから二十九年かかっています。

その頃になると、徳川の御三家である尾州藩と紀州藩が、藩の面目にかけて後援し、互いに抜きつ抜かれつの競り合いを演じています。そして寛文九(一六六九)年尾州藩の星野勘左衛門が、とうとう前人未到の八千本を射通します。

このとき星野は、八千本を通した後も、時間も体力も十分に残っていたそうですが、もしこれ以上の記録を残すと、後に続く者がもうその記録を破ろうとする意欲を失い、その結果この道が廃《すた》れることを憂《うれ》いて、ちょうど八千で打ち切ったと言います。

その星野の予測どおり、この八千の記録は一七年もの間破られず、ようやく紀州の和佐大八郎が、貞享三(一六八六)年、一三三本多い八一三三本の記録を残しましたが、それ以上記録が伸びることはなく、やがてこの道は廃れてゆきました。ですから史上最高記録は和佐大八郎が持っています。ただ、通し矢の総矢数は星野の一万五四二本に比べ、和佐は一万三〇五三本でしたから、その通った比率からいっても、時間も体力も十分残っていたという状況からいっても、この通し矢は星野が和佐より優れていたことは明らかでしょう。

このように世の中が平和になれば、競技性のあるものは必ずスポーツ競技化するものです。これはいいとか悪いとかいうより、そういうものなのだと思います。

武術の西欧化

江戸時代ですら、武術はスポーツ化するのですから、西欧の文明が大きく流れ込んできた明治以後、武術のスポーツ化はいっそう顕著になります。

その代表が先に述べた柔道ですが、柔道は創始者の嘉納治五郎によって、力学の原理による説明が取り入れられ、またユージン・サンドウなどがはじめた鉄亜鈴などを使ったウエイト・トレーニングを紹介、普及させるのに力を貸しています。

そして学校などの集団で指導するため、型稽古よりも競技性の高い乱取りなどの試合形式を初心者のうちから取り入れ、興味を持たせるようにしました。

しかしそのために、動きの質を練ることがおろそかになり、実戦的といえば実戦的ですが、場馴れによる経験が技術の中心になってゆくため、質の違う動きというものを知る機会がなくなり、卓越した古人の技のエピソードなどを聞いても、単なるホラ話か錯覚ぐらいにしか考えられないことになってしまったのでしょう。

剣道の場合も似たような状況ですが、刀という武器を使うものであっただけに、明治のはじめの頃は地域によっては剣術を行うと反政府主義者として取り締まりの対象となったりして大変衰退したようです。なかでも京都は、長州出身で府知事となった槙村正直《まきむらまさなお》が急進的開化主義者で、「剣術のごときは旧弊の最たるものである」として、府令によって剣術の稽古を禁止してしまったのです。

ただ、西南戦争での抜刀隊の活躍などで次第に見直され、また榊原鍵吉《さかきばらけんきち》が相撲興行をヒントにした撃剣興行で職を失った剣客に生計の立つ場を与えるなどの曲折を経て、次第に軍や警察、学校といった集団の指導に、その活動場所を得ていきました。

もともと宗教色があった合気道は、すでに述べましたように現代武道の中では異色な存在で、柔道や剣道が競技性を重視するスポーツ的なものになっていったのに対して、別の道をたどりました。その在り様を武道史的にいえば、古流柔術の稽古形態を現代化したということになるでしょうが、現在、合気道は柔道・剣道と明らかに異なる状況にあります。稽古をしている人の層においても、合気道は柔道・剣道と比べて年齢層も広く、また女性が多く、女子大でも人気があります。合気道はどうもおしゃれな武道というイメージがあるようです。

空手道は、柔道、剣道と並んで現代競技武道の代表的存在ですが、寸止め、直接加撃のフルコンタクト、ライト・コンタクト、防具付きなどなど、その競技方法がさまざまに分かれ、それぞれの団体のチャンピオンが数百人はいると言われています。また古流空手に対する関心も近年高く、最も多様化している武道でしょう。

以上が現代武道界の概要ですが、私が武の技の世界と出会ったのは、すでに武術が武道となって西欧化した訓練法、身体運用法を取り入れ、古《いにしえ》の武術の身体操法がほとんど忘れられつつあったときでした。

2　武術との出会い

引っ込み思案だった幼時

私は幼い頃、引っ込み思案で、人と口がきけないぐらい人見知りが激しい子供でした。今の私を知っている人からは、「信じられない」と言われますが、買い物に行くのにも、母親に買ってくるものを紙に書いてもらい、店の人に黙ってその紙を見せて代金を渡し、品物とお釣りを受け取ったら、一目散に店を飛び出すような子供だったのです。中学・高校ぐらいになれば、買い物に行って話ぐらいはできるようになりましたが、自分の性格を思うと将来とても人を相手にした仕事はできないだろうと思っていました。

ですから、子供の頃から野山の自然が好きだったこともあって、人の前に立つことよりも、自然の中で動物や鳥を相手にして暮らしたいと思うようになり、漠然と将来は牧場でもやって、南米ででも暮らしたいという思いを育てていたのです。

畜産業の現実

そういうわけで私は東京農業大学の畜産学科に入りました。ところが、入ってみてわかったのですが、そこで行われている研究は、私が期待していた雰囲気とはまるで違う、牧歌的とはかけ離れた世界だったのです。

つまり、いかに効率よく畜産を行うかという、それだけの研究だったのです。たとえば鶏の抜けた羽や糞を、蛋白質《たんぱくしつ》として再利用して食べさせようとか、はばたくとその分エネルギーを消耗するので、ニュージーランドにいるキウイみたいな翼の退化した鶏をつくるとか、どう考えてもおかしなことを学問の名の下にやっていたのです。

このときの私の畜産に対する違和感は、近年になって牛にクズ肉や骨を飼料として与えたことで、BSE(狂牛病)が世界中に広がったことをみても、その直感が的を射ていたと思います。

私は入学したときから、これはおかしい、こんなはずではなかったと思い、全く実情を知らずにこの道を選んだことを後悔しましたが、内気な性分だったので一年目はよく訳のわからないまま、流されるようにして在籍し続け授業を受けていました。しかし二年目の夏、岩手県のとある大きな農場に実習に出かけたときに、この世界にはついていけない、別の世界を探そうと決心せざるをえない光景を目にすることになりました。

実習に行った農場は鶏の孵化場《ふか》で、卵からかえったばかりの雛を雌雄分別して雌だけを出荷します。このとき、残り半分の雄はどんどんポリバケツに投げ入れられるのです。

今でも思い出しますが、大きなバケツがいっぱいになると長靴でぐっと踏みつける。するとぴぃぴぃという雛の悲鳴が一段と鳴り響きます。そしていっぱいになったバケツの雄雛を穴に捨てるのです。何日かしてその穴の前を通ると、生き残ってぴぃぴぃ鳴くのがいて、本当に胸が痛みました。

ショックでした。殺して何かの餌《えさ》にするならまだしも、踏みつけてただ捨てるということを見たときに、この仕事にはついていけないなと、思いました。

そこで初めて、今まで考えてこなかった世の中の仕組みそのものに疑問を感じたのです。現代社会はものすごい犠牲や矛盾の上に成り立っていて、利益のために陰でさまざまなことが行われていることに気づいたのです。今まで見えていなかった部分の問題点が身に迫ってきたのです。

食から見える世の中の矛盾

ちょうどそのころ、玄米などの自然食が、現在とは比べものにならないくらいのささやかな規模ですが、話題になりかけていました。「もっと動物性蛋白質を」という当時の栄養学とは全く異なる発想で健康を取り戻そうというものです。私の専攻した畜産学科とはおよそ相性の悪い考え方ですが、私は興味を覚えました。皮肉なことに岩手県の実習先の農場での食事が、飯、たくあん、味噌汁だけ、たまに少量の煮魚という質素なものだったのですが、だからといって力がなくなるどころか、以前より体調がよくなったことも、この道への関心を深めました。

そして自然食を入口にして、栄養学、医学などを調べ始めると、さまざまな問題点があることがわかってきて、私の関心は、どっとそちらに傾いていきました。

時あたかも学生運動が盛んなときでしたが、私はそれには加わることなく、ひたすら医学や栄養学の問題を考え続けていました。言ってみれば、一人だけで反体制運動をやっていたようなものかもしれません。

そうした日々を過ごすうちに、勉強もろくにできなくて劣等生というコンプレックスに苛《さいな》まれていた私は、「何だ。この世の中なんて、自分より頭のいい人がきちんと仕切ってくれているのかと思っていたのに、実は問題だらけなんだ」と、遅まきながらそのとき初めて気づいたのです。社会がこんなにも問題点を隠蔽《いんぺい》したままだという事実に愕然《がくぜん》としました。そしてそのおかげで、というと妙な言い方ですが、逆に自分に自信がわいてきて、実際何かができるようになったわけではないのですが、コンプレックスに苛まれる必要はない、それどころか自分は現在の世間の多くの人が見えていない、自覚していない問題点に気づいているのだから何とかしなければならないという、ある種の使命感のようなものを感じはじめてきたのです。

自分を解放させる

「自分は、ある重要なことに気づいたのだ」。そう思ってからの二、三か月の間に、私はまるで新宗教に入った人間のように大変身を遂げました。大学での学期末試験では、設問も読まずに、現代農業・現代医学の矛盾を突きながら、答えを書き連ねました。今まで押さえに押さえていた自分を、いきなり解放させたような勢いでした。

そうなると、食の問題から入ってさまざまな健康法、東洋医学、そして宗教、それも仏教、神道、キリスト教、新宗教各種にまで関心が広がり、各種健康法の講習会へ行ったり、宗教関係の本を読んだりと、大学の授業などそっちのけで、大学へは図書館で禅や荘子などの本を読むために通うようなありさまとなりました。

たちどころに口も達者になりました。実習に出かけた夏休みが明けた頃からその年の終わりにかけて、日に日に自分が変わっていくのが実感できました。

妙なもので、その道の者というのは、匂い、雰囲気でわかるらしく、よく新宗教に勧誘されました。当時は時間もあるし、多少腕に自信のある者がけんかを求めるように、絶えず相手を探していましたから、勧誘がかかると「待っていました」とばかりに四時間でも五時間でも討論をしました。先方には、自分の教義を守ろうとする弱みがありますが、こちらは、ありとあらゆる知識を総動員して論を展開し、少しでも疑問があったり議論の途中に見える相手のあいまいさに対して、ぐんぐん突っ込んでいけます。すると相手は反論することができなくなるか、ひたすら同じことだけを繰り返し言うことしかできなくなって、私を入信させることをあきらめてしまいます。

ただ私としては相手に対して嫌がらせをするのではなく、私が納得して入信したくなるようなそんな宗教に出会いたいものだと思って、焦点を絞って突き詰めていったのです。それに対して、私を唸らせるほどの人には遂に出会えませんでした。

しかしこうした対応は、今考えてみると、武術における相手との攻防に似ていますね。振り返ってみると、この時期に私は頭の中で武術の最初の訓練というか、実践的稽古をしていたのかもしれません。

そうした経験を通して思うのですが、よくカルト(熱狂集団)的新宗教の危険が取り沙汰され、そうした教団の封じ込めについての法律の整備などが叫ばれていますが、人間の在り方や社会の仕組みについて、少しでも本気で考えたことのある人間であれば、そういったいわゆるカルト教団は、自分自身の人生に対する考察を深める上での話し相手、稽古台となってくれるありがたい存在とも言えるわけで、恐れたり忌み嫌う必要など、ほとんどないのではないでしょうか。

相手の巧みな、あるいは口当たりのいい勧誘に乗ってしまうというのは、それまでいい加減にしか人生やら思想、宗教について考えてこなかった自分自身に責任があると思います。

日本は、戦前の国家神道に対する反動のように、戦後、教育の現場で宗教についての一切の発言を避け、ただ歴史年表を暗記する程度にしか宗教については触れないことにしていますが、この教育姿勢にも根本的な問題があるでしょう。

別に特定の宗教に肩入れすることを勧めるわけではは、もちろんありません。ただ、日本でも代表的な宗教者の一生を文学作品として、物語として学ぶ場を作ればいいのです。こうしたことはこれからの時代、是非必要なことではないかと思います。

運命は決まっているのか、いないのか

宗教を信じる人と議論していて、考えさせられた問題があります。先方はいろいろな話をしますが、それによって得られた結論は自分で考えた結果なのか、それともそう思わされているだけなのか、ということです。

ある種の新宗教がご都合主義でいい加減だと思うのは、「それは運命だ」と言いつつ、「それは努力で変えられる」と言っているからです。状況に合わせて都合のいい諺《ことわざ》などを持ってくる。そうした功利的な人たちをみているうちに、人間の運命が、努力で左右されるのはおかしいと私は思いはじめました。努力する気になる人はいいけれど、努力する気にならない人もいる。努力する気になれるかどうかは、きわめてあいまいなものにかかっています。ですから、人間の運命は事前に完全に決まっているのでなければ、不公平だと考えたのです。

しかし、人間の運命があらかじめ完璧《かんぺき》に定められているとすると、当然のことに、今度はものすごく拘束感と不自然さを感じます。この不自然さと矛盾を、さまざまな本を読みつつ自分のなかで突き合わせる日が続いていくうち、私はノイローゼ的な状況になってきました。

そこで、これは本当に自分で自分をなんとかしなければならないと本腰を入れて考

えているうち、当時私が愛読していた禅の語録『無門関』の第二則「百丈野狐《ひゃくじょうやこ》」の話のなかにある「大修行底の人かえって因果に落つるやまた否や」、つまり「本当に修行し尽して大悟した人は因果の法則を超えられるでしょうか」という問いかけが、「はたして人間の運命は決まっているのか、いないのか」ということに重なったのです。

そして、この問いに対して「不落不昧両采一賽　不昧不落千錯万錯」、つまり「因果に落ちないというのも、因果の法則を昧《くらま》し消すことができないというのも、どちらもちょうど丁半の賽《さい》の目が同時に出たようなもので、どちらかに限定すること自体誤りなのだ」という、この『無門関』の編者、無門和尚の解説を読んだとき、はっとしました。

というのも、ちょうどその頃読んでいた相対性理論の入門書に出ていた「光は波でもあるが同時に粒子でもある」というアインシュタインの光量子説発見のいきさつを解説した部分が、この「百丈野狐」の話に重なったからです。

自然界は矛盾しているとみえるその二重性こそ、その奥深さなのだと気がつき、「人間の運命は完璧に決まっているが、同時に完璧に自由でもあるのだ」という結論を得て、本当にノイローゼになる一歩手前の状態から解放されたのです。

しかし、「人間の運命は完璧に決まっていて、同時に完璧に自由である」という結論を得たものの、それは頭で理解しただけのことでした。

それだけでは生きていく上で力にはなりません。体感という感情レベルまで納得した状態にならなければ意味はないと思いました。そこで、この考えを体感を通しても確信できるようにするため、私は武の世界にかかわることを決心したのです。

なぜここで武の世界かというと、運命が決まっているからと頭で思っていても、いざ投げ飛ばされそうになったり、なぐられそうになったら、人間は思わずそれをなんとかしようとすると思ったからです。そしてそのときのその「思わず」ということはいったい何なのか。そのことから、「運命が決まっていても自由だ」ということを考えたいと思ったのです。

武の道を選んだのは、すべてにおいて自分の体験、体感を通して納得したいと思ったからです。

宗教にも惹かれましたが、宗教の場合はまだ何も体感していない前から何かを信じておかなければならない気がして、それでは本当に自分自身が納得できる気がしなかったのです。そうして二二歳のときに、合気道を始めました。相手のある武道を選んだのは、そうでないと、この疑問と真向から向き合えないと思ったからです。

それまでに、弓の経験はありました。和弓ではなくアーチェリー（洋弓）ですが、普通、アーチェリーは、弓の左側に矢をつがえるのですが、それを日本式に弓の右側に矢をつがえて射ようとしました。洋弓はルール上どんな引き方でもかまわないので、日本式のやり方でつがえてもかまわないのです。

材料は洋弓を使いながら、つがえるのは日本式の右側で、弦に拇指をかけ日本式（モンゴリアンスタイル）で引く。そうやって、身体の感覚を鍛えれば、照準器を使わずとも的を射ることができるのではないかというより、微妙なところを引き出すには、絶対に照準器に頼ってはダメだと考えていました。その頃から、私は独自な工夫をすることが好きだったのです。

その頃は、大学の畜産という学問に大変な疑問を抱えていた時期だったので、授業にはロクに出ないでこの弓の研究は三年くらいずいぶんとやりました。その結果、一五メートルぐらいの距離なら庭に来たキジバトの背中スレスレに矢を射て、矢でちょっと鳩の背中を押さえて驚かすようなことができました。一度も傷つけたことはありません。

そうした照準器に頼らない考え方は、今でも当時と変わらずずっと私のなかにあります。そのためだと思うのですが、最近ゴルフについて相談を受けたときに気づいたことがあります。それはクラブでボールを打つとき、これからそのボールを飛ばしたいところを見て打つのが自然で、ボールを打つ瞬間までボールを見ているのは、どうも本質的に上達を阻害しているのではないかという疑問です。

これは、ゴルファーが聞いたら吹き出してしまうような常識外れのことらしいのですが、もしゴルフ道具を狩猟用具として使おうとしたら、誰でも打ち落とす獲物を見てボールを打つと思います。

ボールを見ていない方が体内感覚は精妙に働き、学習する上でのフィードバック効果も必ずあると思うのです。

合気道、そして鹿島神流

二二歳のときに、さまざまな武道がある中で私が合気道を選んだのは、試合がなく、じっくりと動きの研究ができそうな気がしたからでした。未知の世界に入り、身体について次々と新たな発見がある最初の数年間は大変楽しく、稽古に稽古を重ねました。非常に魅力のある師範に恵まれ、六年ほどは続けましたが、そのうちに合気道界に限界を感じるようになりました。それは、開祖植芝盛平翁は昔の武術の達人を髣髴《ほうふつ》とさせるようなエピソードを持っているのですが、どうやってそこに至ったのか、今そこまでできる人がいるのかという問いへの答えが得られなかったからです。
ちょうどその頃出会ったのが鹿島神流です。

鹿島神流の起源は、非常に古いとされていますが、第一八代師範を名乗られていた國井《くにい》善弥《ぜんや》道之先生が、馬庭念流《まにわねん》などの研究を通して実戦的な技の工夫と再構成をはかり、ほとんど創始に近い流派ではないかと言われています。

國井善弥先生は道之と号され、古武道界では実戦派の雄としてその名を轟かせた方です。その実力は高く、とにかく相手が剣道であろうが柔道であろうが、相撲・空手・ボクシングなど、およそ武道・格闘技であれば訪ねて来る相手とはすべて立ち合ったということです。また、名横綱として著名な双葉山を指導したり、戦後のＧＨＱによる日本武道の禁圧を解くため、米軍のなかから選ばれた銃剣術の教官が真剣で向かって来るのを木刀で迎え討ち、相手を傷つけずに完璧に負けを認めさせ、日本武術の精妙さを実地で証明するなど、数々のエピソードを残しています。

私がこの神流に出会ったのは昭和五〇(一九七五)年ですから、昭和四一年に満七二歳で亡くなった國井先生にはお会いすることができなかったのですが、國井先生の最晩年に直接指導を受けた野口弘行先生に就くことができました。

私が武術に、術という単なる反復稽古の延長線上にはない世界が開けていることをハッキリと自覚することができたのは、この野口弘行先生との出会いがあったからです。

野口先生には、主として鹿島神流の剣術・抜刀術、そしてそれらによって培われた体術の指導を受け、槍術も学びました。現在の私の剣術や抜刀術は、当時学んだものから形の上ではかなり異なっていますが、大変大きな影響を受けていることは確かで、野口先生には深く感謝しています。

このほか、現在の私の武術に大きな影響を与えているのは、根岸流手裏剣術の四代宗家であった故前田勇真鋭先生に学んだ手裏剣術です。

手裏剣というと、現在多くの人は星形をした車剣を思い浮かべるようですが、私が学んだ手裏剣術で使うのは針形と分類されるもので、ミサイルのような形状の八角先太のものです。

この剣は直打法《ちょくだほう》と呼ばれる打ち方で飛ばしますが、手から離れた直後は剣先が上を向いており、その後飛行しながら剣先が的に向かうというもので、距離のいかんにかかわらずそれ以上剣を回転させることはありません。

ですから、近距離では早目に首落ち(上を向いていた剣先が的に向かうこと)させ、遠距離ではゆっくりと、中距離ではその間ぐらいと、各距離に見合ったときに見合った状

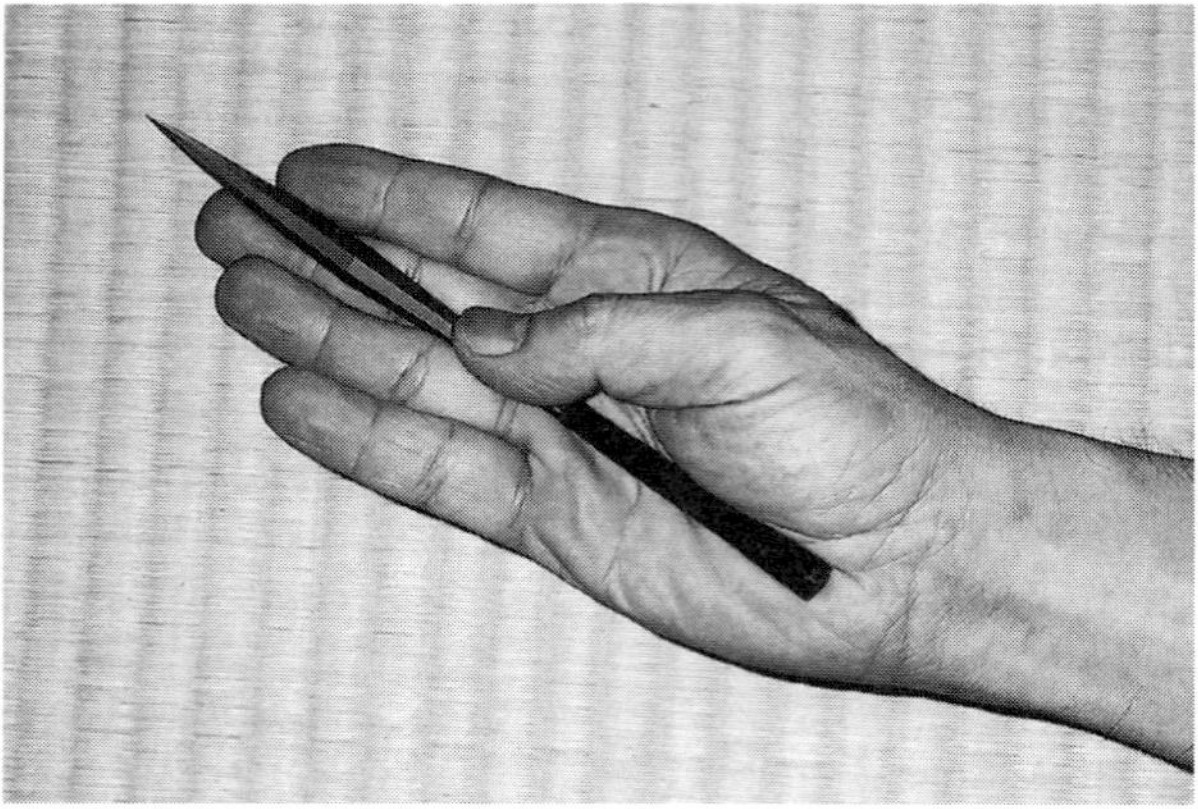

鋼で作られた八角先太の手裏剣．全長 18.4 cm，最大径 9.7 mm.

況という具合にすべての距離に適合して剣先が的に向くようにしなければなりませんから、その技術は大変難しいのです。

手裏剣術の関係者が、よく「古武術のなかで最も難しいのが手裏剣術である」と言いますが、これは演武するときなどに剣が的面のみならず、その周囲の剣止めの板や畳にも刺さらずなんとも格好がつかないことが、数十年も稽古している人にも起こり、その技のレベルがあまりにもはっきりした形で現われてしまうからでしょう。

手裏剣術においては、剣を飛ばすことを「投げる」とはあまり言わず、「打つ」と表現しますが、これは太刀で斬り込む感覚で剣を飛ばすべきで、「投げる」というと〝ため〟のあるうねり系の動きを連想させてしまうからのようです。

現在の私が少なからぬ思いを傾けてこの武術の研究をしているのも、この普通なら最もうねりやすい体の使い方になる武術で、いかにそのうねりをなくして剣を飛ばすことができるかという工夫が、他の武術の動きの質を高める上でも大変に有効であることがわかってきたからです。

そこまでこの道への思いを深くできたのも、前田勇先生との出会いがあり、前田先生を私に紹介してくださった名和弓雄先生、また前田先生に最も近いところで稽古されていた寺坂進先生、そして現在の私の手裏剣術研究の同志的な存在である江崎義巳氏といった方々と出会えたからで、これらの方々には深く感謝しております。

そして、現在の私の「捻らず、うねらず、ためない」武術の動きに気づく決定的きっかけを与えてくださった振武舘の黒田鉄山先生の存在は、大変大きなものがあります。

黒田先生の駒川改心流剣術、四心多久間《ししんたくま》流柔術、民弥《たみや》流居合術などといった、実際に古伝の武術としてその生命が形骸化せずに残っていた武術との出会いがなかったら、現在の私の武術はとてもここまで来られなかったと思います。

黒田先生とは『武術談義』を一緒に出させていただきましたが、その際に伺った黒田先生の祖父にあたられる黒田泰治《やすじ》鉄心斎先生や曾祖父《そうそふ》にあたられる黒田寛正郡先生のエピソードは、まさに息を呑むような古《いにしえ》の武術の達人の神技の連続で、大変な刺激を受けました。御縁のあったことに心から感謝をしております。

このほか、「林崎新夢想流《はやしざきしんむそう》の居合が祖父の代で途切れたので、これを再興したい」と私に相談をしてこられた青森の小山隆秀氏から資料をいただき、私の稽古会の有志とその動きを考えるプロジェクトなども行っていますが、私の日本の武術に関する実技は今お話しした程度のものです。

そのほかは、主に歴史に残った資料を調べていますが、そのなかでも無住心剣術と夢想願立に特に関心を持っていろいろ調べてきました。そして、これらの伝書類からヒントを得たことも少なくありません。今後さらに、この方面の研究も深めていきたいと思っています。

3　井桁崩しの発見

言葉が進展をもたらす

私の武術の動きが大きく変わったのは、一九九二年に私が支点のある円の動き、つまりワイパー上のヒンジ(蝶番)運動に代えて、平行四辺形が変形していく運動をモデルにして身体操法を説明することを工夫し、これに「井桁崩《いげたくず》しの原理」と名をつけたときからです。

この発見に至るヒントを得ることができたのは、すでに述べたように、黒田鉄山先生とお付き合いをさせていただいたおかげです。しかし、この原理を誰にもわかりやすく説くのはなかなか簡単にはいきません。

人体の動きも機械のように客観的に観察できれば、すぐに問題点が見つかるのかもしれませんが、実際にどのように機能しているのか、中をあけて見ることはできませんし、だからといって人の動きを外から見ていてもよくわからないからです。しかもできている人にしても、それがなぜできるのかは感覚でしかとらえることができないのです。ですから客観的に構造を調べるのが実に難しい。したがって、なかなか既存の考え方から脱することができないのだと思います。

捻るのがなぜいけないのか

私も黒田先生とお付き合いをさせていただいて、「まわってまわらず」という、有効な円運動と似て非なる武術的に無効な円運動があることをおぼろげに感じてはいたのですが、その言葉を耳にしてからも二、三年の間はまだよくわかりませんでした。それまでは、捻る運動、つまり支点のある円の運動で説明される身体の使い方がいいものと、私自身思っていましたから。

それが二、三年たって、ようやく円といわれるとすぐ思い浮かぶ、円運動の弊害に気づいたのです。どういうことかというと、普通イメージされる円の動きはヒンジ運動、つまりワイパーのような運動です。ワイパーの先端はたしかに円を描きますが、ワイパー自身、つまり円を描く半径のところでは運動がぶつかり合います。そして普通はそこを使ってしまうのです。たとえばバッグを棒に引っ掛けて横からさし上げるように持つと、ものすごく重い。これはちょうどワイパーの動きを止められているのと同じです。当然ですがバッグはそのまま持った方が楽です。

　ですからヒンジ運動を使って相手の攻撃をさばこうとすると、ものすごくさばきにくくて、相手にがんばられてしまいます。「なぜか」と考えたとき、円運動といっても、そこでは必然的に力がぶつかり合っていたのだとようやく気づくことができたのです。

　円を描くワイパー運動は効率が悪く、簡単に止められてしまう。これは、てこの原理を逆に使っているようなものだからです。てこの原理を使って、相手に有利な形で抑えられている形になる。これでは、円の動きは滑らかと言っていても、そこに全く見当外れの動きを当てはめようとしていた愚かさを悟るようになりました。

　そこで円に変わる動きの原理として、平行四辺形がつぶれていくモデルを考えつきました。平行四辺形がさまざまに変形することで、向かい合った辺が互い違いになるようなモデルで技の動きを説明しようとしたのです。そのことによって、捻るということ、つまり円柱状のものを回転させようとする動きが、ある面では縄のような強さを生むのですが、同時に癒着させて働きを失わせることがあることにはっきり気づくことができたのです。それがおよそ十年前の九二年の秋で、それまでの私の武術研究の中で最大の発見になりました。（井桁崩しについては拙著『甦る古伝武術の術理』

（合気ニュース、一九九三年）にくわしい。）

以後、そこを出発点にして研究が展開するわけですが、これ以後「捻って、ためて、うねる」という、既成の動きの問題点が切実にわかってきました。

〝うねり〟の問題点

次に〝うねり〟がなぜ悪いのか考えてみます。〝うねり〟とは波やドミノ倒しのように動きが伝わる現象を指します。

たとえば映画館で火事が起こった場合、避難しようとして非常口に向かう廊下に観客が殺到します。そのとき非常口に鍵がかかっていたり、物が置いてあったりして開かないと、先頭の人が戻ってきます。先頭にいる人は、「ここからは脱出できない」とわかって引き返してくるのですが、それがわかっていない後ろの人は「こっちが非常口だ」と押し寄せます。すると引き返そうとする人と、非常口に向かう人が揉み合って混乱が生じ、動きが滞ります。つまりうねり系の動きは、動きの急激な変化に対応できないのです。

私が三方斬りと呼んでいる、太刀で真向上段から正面を斬って、直に右横をやはり上段から斬り、再び正面に向き直って上段真向を連続的に斬る場合、二十代の頃は稽

うねり系の動きの欠点は，非常口の揉み合いのように，急激な動きの変化に対応できないことである．

古をする時間も情熱もあって、今よりずっと稽古をしていたにもかかわらず、今よりずっと遅い動きでした。今では三回斬って約一秒です。

それは当然のことで、映画館で避難する人の場合と同じように、うねり系の動きだったからです。うねり系で剣を振る場合、右を切って正面に戻ろうとするときに、まだ身体のある部分が右の方に向かおうとしています。すると正面に戻ろうとする動きとぶつかってしまうのです。

ジグザグに違う方向に行こうとしても、そのたびに急ブレーキ・急発進を繰り返していたのではロスが出ます。頭で考えてみただけでも、うねり系の動きにはロスが多いということがすぐにわかります。これが第一の問題点です。

二点目として、鞭《むち》を考えればわかるように、〝うねり〟というのはささやかな人力が、音速を超えるほどの威力を発揮できる動きなので、たしかに凄いことです。このように〝うねり〟の有用性は、決して否定できません。〝うねり〟が役立つ場合もあるでしょう。しかし〝うねり〟の動きがその威力を発揮するためには、準備する、つまりうねっている時間と空間が必要になります。鞭の先端をいきなり唐突に飛ばすことはできないでしょう。このようにうねり系の動きは、必要なときにすぐに使えないという欠点があるのです。これは武術の技として考えた場合問題です。

このことに関連したことですが、〝うねり〟は、ぱたぱたとドミノ倒し的に運動を伝えるので、気配がわかってしまうという問題もあります。これは相手にしてみれば、タイミングの取りやすい動きなのです。武術では、「相手にタイミングを悟られないように」というのは大変切実な要求ですから、うねり系の動きは、その要求を満たしていない動きになってしまうのです。

身体を細かく割る

身体全体を同時に使うためには、何が必要でしょう。

たとえばマグロのような大きな魚が向きを変えるには、どれほど速くてもある程度時間がかかってしまいます。しかしマグロと同じ体重を持つたくさんの小魚の群れの場合、一瞬で向きが変わります。瞬時に変わる小魚の群れと、大きな魚がうねりながら変わるのとでは、速さが決定的に違うでしょう。

つまり小魚の群れの場合、一匹一匹が独立して動いているわけです。これを身体にあてはめて考えてみると、身体が細かく割れている必要があるということになります。小魚の群れが一瞬で向きを変えるように、身体を細かく割っておけば、うねらずに瞬時に身体を変化させることができます。

人間の身体の中で、誰もがうねらず細かく割った動きができているのが、掌《てのひら》です。一瞬で全体がいっしょに動きます。伝言ゲームのように次々と伝わってというのではなく、同時並列的に動きます。同時並列的に処理できる動きは効率がいいのです。身体全体を掌化させるため、踏ん張らず膝を抜いて身体の落下を使えるように、また肩も下方へ十分落とせるようにしておきます。そしてそれらのより細かく割れた動きを合成して、働きのある動きを生み出すのです。

〝ため〟をつくらず、いかにして力を出すか

「ためをつくらない」という言葉は、桑田選手に関連した報道で盛んに使われ、一般に知られるようになりましたが、多くのスポーツ指導者がこの言葉に当惑しているようです。捻らないで、ためないで、いったいどうやって威力が出るのかという疑問があるからでしょう。

私は〝ため〟そのものがよくないと言っているのではありません。捻ってつくるいわゆる〝ため〟がよくないと言っているだけで、技として有効な〝ため〟はもちろん必要です。喩えで説明しましょう。ダムに水をためるとします。水門を開けた瞬間、どっと水が出ます。いきなり唐突に出ます。鞭のようにうねってきて「あっ、来る

ぞ」と相手にわからせるような〝ため〟ではなく、この喩えのような事前の気配のない、唐突にエネルギーが出てくる〝ため〟は、技としては有効であり、必要なのです。いつでも必要なときに、つっかい棒をはずしてぱっと出せる、そういう〝ため〟として一番基盤となるものは、自分の体重です。ふっと膝を抜けば、すぐそこに生まれます。

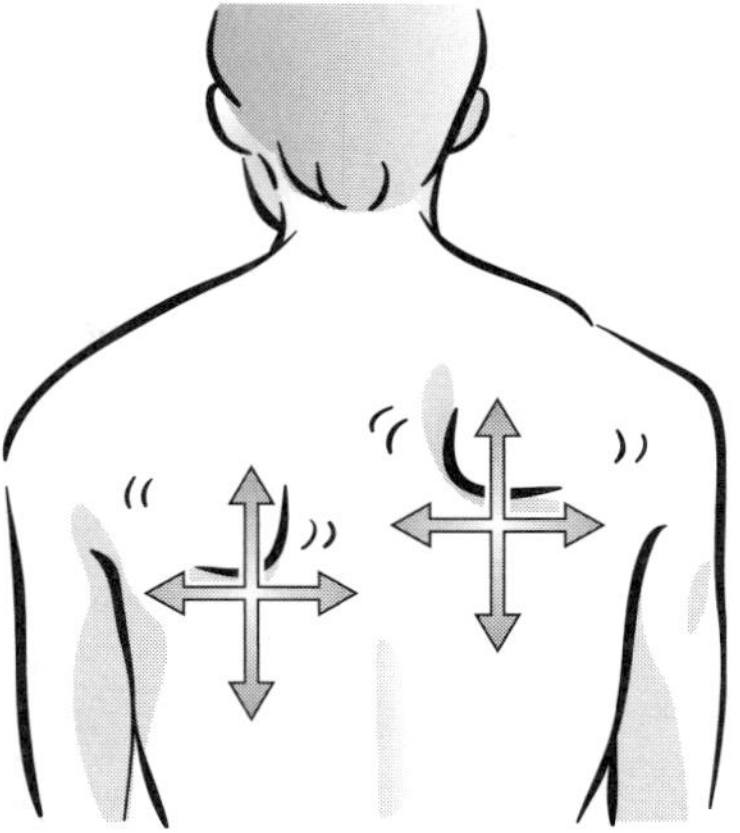

身体を割る①　練習次第で肩甲骨も驚くほど自由に動くようになる.

　また、歩いたり走ったりしていて、いきなり足が何かにぶつかってころんだりすれば、強い衝撃、つまりエネルギーを感じるでしょう。このことでもわかりますが、ふだん人間は、自分の中に存在しているエネルギーについてあまり自覚していません。しかし無意識にそれを知っていて、常に倒れることに恐怖を感じているのです。実際、唐突に倒れるとものすごくショックを受けます。

　そうした位置エネルギーの〝た

め〃は、武術の技に使える〃ため〃です。これに対して、いわゆるスポーツ的常識の〃ため〃は、たとえば野球のピッチングなどの場合、捻っておいてから、またうねりつつ戻っていく〃ため〃です。バネ、または弓のように、いきなり力が放出されるわけではありません。捻りを解放するときに、捻りを戻しながら、うねります。人体の構造上、〃捻り〃による〃ため〃は、普通どうしても〃うねり〃を伴うからです。

〃あそび〃を取り除く

〃ため〃が解放されたときに力が突然出てくるようにするためには、〃あそび〃を除いておくことが必要になります。たとえば、貨物列車などの場合、連結部分には〃あそび〃があります。〃あそび〃があるおかげで、カーブなどでスムーズに曲がれるのですから、この場合〃あそび〃は有用だといえます。またキャッチボールなどでも〃あそび〃があるので、ショックをやわらげることができますし、自動車のハンドルを切る場合も〃あそび〃が全くないと危険です。〃あそび〃があることで、ゆとりが生まれ、少しハンドルを切ったからといって、急に自動車が向きを変えることはありません。

つまり物と物が接するとき、〃あそび〃があった方が、ショックが吸収されたり、過剰な摩擦を避けることができるのですが、こと力を伝えるということになると、この〝あそび〟によって伝わり方が遅くなってしまうのです。

このことに関してわかりやすい例をあげます。綿一〇キロと鉄一〇キロは、当然ながら同じ重さです。しかし持たされたときに、同じ感じかといえば、全くそうではありません。綿一〇キロなら、ふわっと持てます。しかし鉄一〇キロでしたら、相手の手を離れて渡されるとき、全重量が手にかかるまでの時間が短く、急激に重く感じられます。

身体を割る② 腕や肩が自由に動くようになれば，図のようにボールを操るのも簡単だ．

同じ一〇キロでも、綿、木、アルミ、鉄、鉛、金といったものを比べると、比重は鉄が8弱、金が20弱ですから、比重の大きいものほど瞬間に来るショックが大きいはずです。つまり〝あそび〟がないからです。〝あそび〟がなければ、いきなり大きな負担がきます。

こういう瞬間的に加わる力は武術

での攻防に有用です。つまりそうした攻防の場合には、〝あそび〟がない方がいいのです。しかしすでに述べましたが、〝あそび〟も場合々で働きが違います。身体の動きでいえば、キャッチするときや飛び降りるときは、〝あそび〟を入れて緩衝作用が働くようにしないとうまくいきません。威力として出す場合は、〝あそび〟を取り除いた方が有効ということになります。場合によって、人間はさまざまな働きができるようにすべきなのです。

〝あそび〟をなくすということでいえば、〝捻り〟には〝あそび〟を取る働きもあります。ふわふわの髪の毛をぐっと捻ればこしが出て〝あそび〟がなくなります。そういう〝捻り〟の効用もあります。〝捻り〟をうねり系の〝ため〟に使うか、うねらない動きのための〝あそびとり〟に使うか、固定的な価値観にとらわれないことが大切です。

〝居付き〟

〝居付き〟という言葉があります。これは武術用語で、パニックに陥って判断停止状態になっていること、あるいはすぐに反応できず動けない状態になっていることを指します。また、今述べたような固定的価値観にとらわれていることを指す場合もあります。

二〇〇二年のプロ野球のペナントレース中、あるバッターのバットが折れて、桑田投手の方に飛んでいったことがありました。こんなとき普通ならパニックに陥って判断停止になるか、あるいは足で地面を蹴って逃げようとします。その判断停止状態も蹴って逃げようとする準備段階も共に〝居付き〟にあたります。即動くことができないからです。即判断して、即動かなければいけないのに、迷ってしまう。「動かなければ」という思いが強いほど逆に動けなくなる。あるいは動くための準備でその場に拘束されている。そういった状態です。

このとき桑田選手は、見事にこのバットをよけることができました。「去年までなら当たっていた」と彼自身も言っていましたが、それは地面を蹴って逃げたのではなく、つっかい棒をはずすようにして、いきなり尻もちをつくような膝の力の抜き方をして倒れこんだからです。こうした動きは、〝ため〟をつくるため蹴って動く反応をしている人にはなかなかできるものではありません。

つっかい棒をはずすように後ろに倒れこむという動きは、指摘されれば不思議でも何でもありませんが、常識的スポーツの世界ではこんな動きがあるとはほとんど気づいていないようです。コロンブスの卵みたいなものです。コロンブスの卵との違いは、原理がわかったからといって、すぐにはできないことです。そして、たまにそうした動きができる選手が現われると、「あいつは天才だから、他人の真似のできない動きができるんだ」ということで片づけられ、その選手がどういう原理で動いているのかを検討しないようです。この倒れる、ということを活用した動きにしても、根本的に人間は、倒れることに恐怖を抱いているため、その恐怖でブレーキがかかり、技への応用ということにも発想が展開しなかったのかもしれません。

「ふんばってはいけない」とか、「居付いてはいけない」とか、言葉では今も武道界でよく言われていますが、実際みてみると、今の剣道はふんばって、ためてから思い切り床を蹴っています。剣道の稽古でアキレス腱を切る人がしばしば出るのはそのためでしょう。

4　中国武術との比較で日本武術を考える

喩えでわかる理解の程度

桑田選手と稽古を重ねているうちに、彼が私の技の術理を相当理解してきたなと思ったのは、私が何かの動きの原理を喩え話にして説明したのに対して、彼がすぐに別の喩え話を考えついて私の説明に応じてくるようになったからです。

私は技を説明するときに、「小魚の群れが、一度に身を翻すように」とか「まるでつっかい棒をはずして落とし穴に落ちるように」とかいうような喩えをよく使います。こうした喩えに対し、直ちに別の喩えで応じることができるということは、その動きに対する身体を通しての理解が深まり、身体がいつもそのことについて考えるようになっていることを意味します。なぜなら自分でよくわからない動きを解説されたとしたら、いきなり、最初からその動きの説明の喩えに対し喩えで答えることなど、できるわけがないからです。喩えは自分の感じ方がベースになっていますので、体感が伴わないとうまく思いつかないものだからです。桑田選手も、最初は頭を傾げていることがほとんどでした。

しかし喩え話の説明に同じく喩え話が返ってくるようになると、簡単に話が通じ、コミュニケーションが活発に取れるようになって、やっていても楽しく感じられます。そうなると当然時間が経つのが早く感じられ、桑田選手も最近は、「ここ(道場)へ来ると、本当に時間がすぐ経ちますね」と言っています。

桑田選手との交流を通して、私は喩えというものの重要さに改めて気づかされました。どういうことかと言うと、どの程度理解しているかが、喩えの返し方でわかるからです。的確な喩えが返ってくれば、よく理解していることがわかりますし、理解が浅かったり、見当はずれだったりすると、喩え話もおかしなものが返ってきます。

喩えで伝える伝統

日本の武術には、喩えで物事を教える伝統があります。得道歌《とくどうか》などその典型で、花鳥風月さまざまな自然現象に技の原理を喩えたものが多数残されています。どのようなものがあるかというと、たとえば、次のようなものです。

白露の　己が姿をそのままに

　　紅葉に置けば紅の玉

この歌は、相手を自分のなかに写す無心の境地を説いたものとして有名な一首です。

また、

　妙の字は　若き女の乱髪

　　とくにとかれず　ゆうにゆわれず

という言葉あそびのようなものもあります。これは、「とく」は「解く」または「櫛く」と「説く」の両方にかけ、「ゆう」は髪を「結う」と、説明する「言う」の両方にかけて、武術の妙境は言うに言えず説くに説けぬものだということを詠んでいるのだと思います。

一方、同じアジアでも中国武術はそうではありません。ある意味で科学の国なのです。火薬や羅針盤が発明されたのが中国であることからもそれはわかるでしょう。陰陽理論、つまりプラス・マイナスで説明する思考形態をみてもそうです。ニールス・ボーアがノーベル賞受賞式に陰陽マークのついた服を着て行ったそうですが、中国思想が陰陽の働き・機能に着目する見方に科学者としてすごく共感したのでしょう。

したがって中国武術も、訓練法が日本よりはるかに理論的にできています。専門の用語も、日本よりずっと豊富です。もちろん微妙な点になるとやはり伝えにくいと思いますが、日本に比べればはるかに、用語や状況の説明などが言語的に整備されています。

たとえば「勁《けい》」とは、単なる力を意味するのではなく、働きのある力を指します。「勁道《けいどう》をつくる」といえば勁の通り道をつくること。勁を発する「発勁《はっけい》」といえば、いわゆる目に見える〝ため〟のないところから力を瞬間的に発することです。このように中国武術は独特の語彙《ごい》をたくさんつくっています。

したがって、訓練法がかなり具体的に残ります。傑出した人が出ると、その後に相当使える弟子、孫弟子が続いていきます。

ところが日本はそうではありません。以心伝心、喩えと直感の世界です。日本は、伝える専門的な用語が少なく、技が直感から直感、センスからセンスへと手渡されていきます。そうした直感、センスを受けるだけの器がないと、すぐに滅びてしまいます。神技的な使い手が出ても、それを受け継ぐ人がいなければ二代目ですぐ技は廃れます。

「含胸抜背」の中国武術

中国と日本は、どちらも東洋ということでひとくくりにされることが多いのですが、

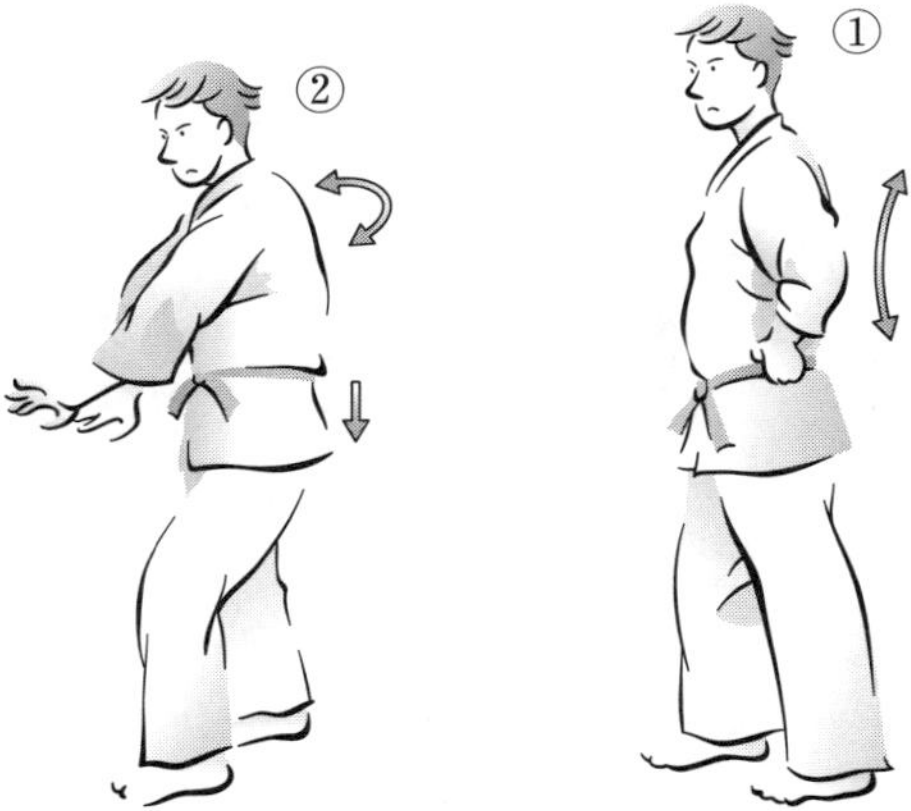

日本武術の基本姿勢は，①のように腰を立たせる．中国武術の場合は②のように胸を窪ませ気味にし，背中を張る．

中国の武術と日本の武術はその姿勢からして根本的に違っています。これはどちらがいいかという問題ではなく、人間の多様性の現われだと思います。しかし私自身の武術の姿勢を研究する場合には、この違いを深く解明する必要があると思っています。

例外もありますが、大まかに言いますと、中国武術は腰を反らさない姿勢をとります。日本的見地、そして西欧的見地からみると、これはいい姿勢とはいえません。日本武術では腰を立てますし、西欧では背筋を伸ばす姿勢をよしとしているからです。

それから中国武術は「含胸抜背《がんきょうばつばい》」という言葉もあるように、胸を落として、背を抜きます。胸を窪ませ気味にして、背中を張り、腰はぐっと反らさないで、むしろ丸くします。普通にやってみると、その方が重心が下がり安定します。

しかし日本の武術の場合、武術で一番基本となる抜刀や、両手で刀を持って扱うときには、どうしても腰が立たないとうまくいきません。能ほど腰を反らさないにしても、比較的立ち気味になります。

この差は、まさに文化による違いです。

日本の武術には居合や抜刀という、鞘《さや》から一瞬にして刀を抜く動きがありますが、それを中国人に見せてもあまり理解されません。日本だと、武士の象徴として腰に差した刀をいかにして一瞬で抜くかが問われました。しかし中国では特別武士が尊ばれていたわけではなく、武術家は用心棒的な存在が多かったようです。ですから日本的な帯刀の習慣も必然性もなかったのでしょう。緊急の場合は、鞘ぐるみで払えばいいし、何も一瞬で剣や刀を鞘から抜く必要もなかったのでしょう。

また、中国人に居合を見せると「なぜ一度抜いた刀をまた鞘に納めまた抜く必要があるのだ」とも訊かれることがあるそうです。中国武術には、瞬時に刀を納めるという必然性がなかったので、そういうシチュエーションでの対応法が育たなかったのでしょう。同じ東洋といってもこれだけ違います。

私が追究している日本武術は、中国の武術の影響を大きく受けているので、私は中国武術についても関心を持っています。現実に触れた人の中で、最も威力のある技を使った人が中国の人だったこともあって、いろいろ参考にさせていただきたいと思っているのです。

そういうことも含め、自分にとって武術の姿勢がどうあるべきか、これまでも迷いに迷ってきましたが、現在もまだ問い直し続けているところです。なにしろ、日本と中国の間にある身体操作法には、通じるところももちろんありますが、大きな違いがあるように思われますから。

たとえば座る動作ひとつを取ってみても、姿勢と無関係ではありません。中国は椅子の生活で、日本はそのまま床に座ります。また床に直に立て膝で座る東南アジアにもいろいろな座り方があり、座った姿勢で行う武術もあります。たとえば蛇がとぐろを巻くように足を崩した形で座り、そこから蛇が這い回るように動きます。ひとくちに座るといっても、その座り方によっておのずと出てくる動きに違いがあるのです。

違いを大切にする

国際的に交流する場合、相手の国にないものを持って行った方が喜ばれます。国際化すればするほどその国の固有性が、お国自慢が重んじられます。交流の際には、違いが互いを刺激し、活性化します。

この先、人間がどうあるべきかを考える場合も、各民族が育てた原種的なものが参考になると思います。品種改良をする場合も、小麦なら小麦の原種的なものが必要とされるようです。完全に作り上げられた品種ではなく、固有の原種に近いものの存在が大事だとされます。

これからの多様な時代を生き抜く智慧《ちえ》として、自国の中で育ててきた文化の原種を持っていること、つまり、その民族が長年育ててきた生活の知慧を持っていることは、今後地球規模で人間のあり方がどうなるかが問われるときに、また人類全体がこれからどう生き延びていくかを考える上で重要なヒントになるのではないでしょうか。それは単なる偏狭な、排他的なナショナリズムではありません。

日本が育ててきたものを体現しようとすれば、当然日本人が一番向いているはずです。私が中国武術を研究しているのは、上達への具体的な手がかりが多く残っている中国武術の刺激を受け、中国武術を参考にしながら、日本武術の腰の立った状態を解明したいと思っているからです。

第三章　技の術理

1　技が効くのはなぜか

不安定を使いこなす

力のある人であっても、それが中国武術式にいえば勁力のない単純な力持ちであった場合、私の技にかかってひどく崩れたりします。この、一見単純で別に大したことのないように見える動きに、なぜ崩されるのかというと、私の技は、立ち続けるために絶えずバランスを取っていなければならない直立、二足歩行という人間の習性を利用しているからです。人間は、先ほども言いましたが、倒れることに恐怖がありますから、姿勢がわずかでも不安定になると、絶えずそれを修正しようとします。予想外の力が働くと、その力がかかってくるのを止めるより、まずは倒れてはいけないと反応します。これは身に染み付いている反応で、ほかのさまざまな動きに比べるときわめて優先順位が高い働きです。

そうやってバランスを取ろうとするときには何かやりかけのことがあっても、そのことがなおざりになり力が抜けます。武術を例にとれば自分のバランス維持機能を優先した瞬間、相手を押さえたり攻撃することがおろそかになるのです。そのときうまく力を通せば、相手は崩れるのです。

だれでも子供の頃、掌の上にほうきを逆さに立てて遊んだ経験があると思います。うまくバランスが取れればほうきは倒れません。ぐらっとなっても、すぐにバランスを取れば、そう簡単に倒れたりはしません。しかしバランスを取ろうとしたとき、そのバランスを取ろうとする腕はもちろんですが、反対の腕にひもが結ばれていて、ぐらっとしたときにそのひもが引かれたら、体のバランス維持の方が優先されますからとても対応できません。

秋田の竿灯《かんとう》のように、竹竿の上にたくさんの提灯《ちょうちん》が付いていて何十キロとあるものであっても、バランスさえ取っていれば支えることはできます。ぐらぐらしていても対応できます。しかしある限界を超えて倒れかかると、それを支えるには物凄い力が要るのでどうしようもなくなります。

これと同じである程度太さのある木でも、倒れはじめたときそのてっぺんあたりを持てば、人の手でまだ引き戻せるかもしれませんが、ある段階を超えると象くらいの力はいるかもしれないし、象でも無理かもしれません。つまり、重いものでも、バランスが取れていればまだ扱えるが、それが崩れると、もうちょっとどうしようもないということです。

改めて言いますが、人間はバランスを取りながら、微妙な感じでごく日常的に立っています。そして、ほんのちょっとバランスを崩しても、無意識のうちに足を送ったりしています。それがあまりにも自動的に機能していて無意識のうちに修正しているので、その働きの重要さにふだんは気づかないのです。ですからぐらりとバランスを大きく崩したときに、相手を押さえていても、その相手を押さえる動きを続けるよりもバランスを取るような選択が瞬時にして行われていることが自覚されません。

自動装置が働いていることを体感でとらえて、不安定を使いこなすようになると、身体の働きの幅が広がります。

受け身だけはできた方がいい

不安定を使いこなすためには、万が一倒れたときの恐怖感を除き、怪我をしないようにすることが必要です。もっとも、こうした稽古のためばかりではなく、日常生活の中で、転んでしまう危険性はいたるところにありますから、一般の人もぜひ受け身は覚えてほしいものです。学校教育の場でも男子だけではなく、女子も上手な転び方

茣蓙引き　茣蓙(あるいは座ぶとん)を引くタイミングに遅れずに膝を抜くことによって，身体が倒れないようにする．慣れないうちにいきなりやると前につんのめって危険なので，はじめは前にクッションを積むなどの注意が必要．

である受け身は身に付けておいた方がいいと思います。すべって「あっ」と思ったとき、受け身を知っているのと知らないのとでは、怪我の程度が全くちがいます。老人の場合、転んで大腿骨の骨頭を骨折して、それから寝たきりになるという例がしばしばありますが、受け身は、自転車や泳ぎと同様、一度覚えればずっと忘れません。

　練習として、立っているときに足元の茣蓙《ござ》をいきなり引かれても、瞬間的にぱっと受け身を取れるというレベルくらいにまでなれば、雪道ですべって骨折とか打撲をすることがずいぶん減り医療費の節約にもなると思います。

よく考えてみれば、幼児から老人に至るまで、人間は二本足という不安定な状態で絶えず生活しているのですから、転倒という非常事態の危機に常にさらされているわけです。公共の建物、それに飛行機や電車やバスには、非常の際の出口を設けたり、緊急時の対応法を明示することが法令で義務づけられていますが、二本足で歩いたり走ったりする人間の身体運用に非常の際の対処法を育てていないというのは、ずいぶんうかつなことだと思っています。ですから、柔道とか武道とかいわずに、小学校あるいは幼稚園の頃から、マットで転がったり、安全に配慮しつつ、莫蓙引きやスポンジで作った階段などから転がり落ちる遊びを取り入れ、自然と受け身をとれるようにすることが大事だと思います。

昔は野山で遊んですべったり転んだりしていたので、わざわざ教えなくてもある程度は受け身がそれなりにできていて、転び方を学ぶ必要性などそれほど感じなかったのかもしれませんが、現代ではそうした環境もなくなってきたので、積極的にそうしたことに取り組む必要があるのではないでしょうか。

私も五〇歳を過ぎて初めてスキーをやったとき、うまく止まれないのでとにかく危なくなったら転ぶようにしました。ただ、あんまり派手に転ぶので、スキーのプロの

受け身　さまざまな受け身がある．この図のような受け身の場合，うまく足首を返して，(足裏が上を向くように)後方へスライドさせながら倒れ，背中をロッキングチェアーのようにしてショックを和らげる．倒れながらヘソを見るようにしてあごを引くと，後頭部を打たない．

インストラクターの人も、今度ばかりは怪我をしたんじゃないかと何度も思ったようですが、私は怪我をしませんでした。それで「普通なら転ばないようにするのに、こういうスキーの覚え方もあるんですね」と、そのインストラクターの人に言われました。

階段で転んだときの心得としては、グラッとなった瞬間に身体を反転して階段側に手をつけば、ずっと被害は少ないはずです。私はいつも和装なので外出時は朴歯《ほおば》の高下駄をはいていますが、こういう高下駄で歩いているときは、故意にあるいは不注意で、酔っ払っている人が倒れてきたりしたときなど、将棋倒しになることもありますから、いつ後ろからドンと突かれて前に倒れそうになっても、瞬時に身体を反転させて階段側に手をつくようにと、常に意識しています。幸いそういったことは今までありませんが、身体の備えだけは油断しないように心がけています。

くり返しになりますが、年齢を問わず転ぶ練習をする必要があるのではないかと思います。若いうちであればあるほど、義務感ではなく遊び感覚でできますし、今の子は転んでも、手をつくことができないで鼻の骨を折ってしまうなどということもあるようですから。転び方は是非学んでいただきたいと思います。

高齢になってからでも、座った状態から後ろに転がるようにして受け身をとる練習を行えば、やはりいざという時、ちがうでしょう。私の教えているカルチャーセンターでも熱心な年配の方で、それなりに上達した方がいます。稽古で多少打撲をすることがあるかもしれませんが、大腿骨を折って歩けなくなるよりはいいでしょう。服が汚れるぐらいですむか、それとも寝たきりになるかの大きな違いが出ます。

高齢者であってもそういったトレーニングができる設備の整った施設があれば、健康維持にもボケ防止にも役立つと思います。

視覚の予測を裏切る

技をかけるときには、視覚システムの錯覚を使うこともあります。目は空間を立体的にとらえることができるわけですが、立体的といっても、実はそれは頭が作っている物語なのです。というのは、目には二次元で映っていて、頭の中で立体的に「見える」ように組み立てているからです。

ですから、本当にうまくできた映像だとだまされてしまいます。奥行きがあると思ってしまう。二次元の映像でも、見る側はだまされてしまいます。それまでの学習に基づいて、平面に映っているものを、「あのくらい遠い」と、自分の中で物語を作っているのです。そうやって自分で作った物語と現実がほとんどの場合適合するので、ますますその体験が強化されるのでしょう。

ある人がこちらに歩いてくるとき、重心を中心に置いたまま、動かさないようにして、足だけを左・右・左・右と踏み換えていくと、その人が近づいてくるまでの時間の算出が難しくなるようです。普通は近づいてくるという動きと、重心の片寄り具合によって、正確な到着時間を予測しているようなのですが、それが役に立たなくなるのでしょう。

特に武術の立ち合いでは、次に相手がどう変化するかということが重要ですから、人間の今見ているものは参考に過ぎなくて、今の動きから次を予測し続けています。したがって予測ができないことが致命的になり、パニックに陥るのです。

具体的な例でいうと、ボクシングや拳法をやっている人に十分用心して構えてもらい、そこへ左右に重心を偏らせない、しかも体の〝あそび〟をなくした歩法で入って行くと正面から真直ぐ入るのに、相手は迎え打つタイミングがとれずに体が崩れることがしばしばあります。

キャッチボールを例にとれば、ボールがグラブに入ってもグラブを引くのが遅すぎればボールが跳ね返って落ちるし、早く引きすぎてもやはりクッション効果を出せないのでうまく取れません。ショックを吸収するタイミングが合わなければ飛んでくるボールは取れないわけです。そして、そのために正確な到達予測が必要なのです。

2　古武術にとっての「力」とは何か

力と速さを同じレベルでとらえる

筋力トレーニングをすれば筋肉が強くなるといいます。しかし筋トレがプラスに作用するばかりとは限りません。筋肉は強くなっても、動きがぎこちなくなる場合もあります。ゴルフをやっている人が、ボールをもっと飛ばそうと思って筋トレをしたら、かえって飛ばなくなったという話はしばしば聞くことです。

筋肉についても実はよくわからない点が多いのです。以前何度か対談をさせていただいた解剖学者の養老孟司先生から伺《うかが》ったのですが、筋肉が縮むように見えるとき、その筋肉の細胞レベルではいったい何が起きているかはわからないそうです。

日本には物事のコツ＝骨をつかむという表現があります。骨の動きがまずあって、筋肉がそのじゃまをしないようにという考え方だってあるわけです。筋肉が主役になるのではなく、骨をどう動かすかをまず考える。いわば骨主筋従ですね。これに対して筋主骨従が現在のトレーニングの主流ではないでしょうか。

しかし、私の場合はすべて仮説で、自分の現在の考えに固執する気は全くありません。それどころか、常に今の自分の考えをこわして、また新しく次の術理を構築したいと思っているのです。

ただ、今まで手探り足探りしてきて言えることは、武術の鍛錬においては、力への対応も速さへの対応も同じ身体運用法を基盤にして対応しているということです。喩えで言うと貯水槽のタンクは栓を抜けば水が出ます。ただ栓の絞り方によって水の出方が変わります。全開にすれば、水はどっと出ますが遠くまで飛ばすことはできません。適度に絞れば、遠くまで飛ばすこともできるでしょう。状況によっては大きく開いてどっと水を出せば効果的な場合もあるでしょうし、小さく絞った方がいい場合もあるでしょう。

それと同じで、武術の場合、しっかり押さえつけてくる力に対抗する動きと、速さを要求する動きの基本となる身体のトレーニング法は決して別なものではないのです。ですから片方の質が上がれば、もう片方も上がります。ただ、その用い方は状況に応じて違ってきますが、これは喩えて言うと水が水蒸気になったり氷になったりするのと同じなのです。

身体を使いこなすとは

本当に身体が使える人間というのは、ある意味で自分をうまく操縦している感じです。身体がある種の装置であり機械であるかのように使われているのです。素朴な道具を使って、あるいは自分の身体だけを使って仕事をする人の場合、熟練してくればまるで自動的に、何かに操られているような感じの動きをするのです。

昭和四〇年頃までは、木造建築で枘穴《ほぞ》を掘ることを専門とする「穴大工」と呼ばれる職人がいました。穴大工は、足の股に傷が絶えなかったと言いますが、それはなぜかというと、穴大工は高速で鑿《のみ》を使うので、自分がまるで電動工具そのもののようになるわけです。そのため時に削りクズが鑿の刃の先についていたりすると、次に打ち込んだときに鑿が滑って、自分の股を傷つけてしまうのです。こういうことは、下手な職人にはまず絶対に起きない現象で、熟練した穴大工は、身体そのものが電動工具のようになっているためにこういうことが起こるんですね。昔は電動工具がなかったから、自分自身が電動工具化していったのでしょう。そういう自動化した正確さができることを身体の中に「カネ＝ものさし」ができると言うのです。

身体を使いこなすというのは、実はそういうことなのです。効率がよく、動きにむだがない。専門家になれば、機械のように正確になり、動きが洗練されてきます。

“歩き”もひとつではない

“歩き”は人間の最も基本的な動作ですが、これさえもひとつに固定されたものではなく、文化や時代によって変わります。事実、現代の日本人と昔の日本人の歩き方は、全く違っています。

かつての日本人は原則として歩行時に手を振りませんでした。そして、もし振るとしたら現在では「なんば」と呼ばれる歩き方でした。このなんば歩きとは、右足が出るときに右手が出るような歩き方です。ただ、これは当時でもヤクザ以外はまず行わなかったでしょう。普通は手を振らずに歩きます。こうすると身体を捻らなくてすむので、現代的な、右足を出すときに左手を出すような歩き方に比べて疲労が少ないのです。

最近は、この昔の日本の歩法が見直されてきて、手を振らなくても「なんば歩き」と言うようですが、実は山道で疲れてくれば、なんば的な身体を捻らない動きに自然になるものです。

道を速やかに曲がるときも身体を捻らない。いったん足を踏ん張って捻って方向転換をすると、ちょうどコンパスの軸を中心にぐるりと体が回るような形になるため時間がかかります。その間そこに拘束されて、居付いてしまうからです。そうではなく、歩きながら突然足が払われたように、自分の側面に倒れこむような感じで向きを変えれば、止まっている瞬間がないので、より速やかです。この方法をたとえばバスケットボールなどに応用すると、相手がつかまえようと思ってもすっと抜けられます。うまくできるようになると、自分の足で歩いているのにまるで乗物に乗っているかのような不思議な感じがします。

そういう基本的な動きをひとつ考えてみて、面白いなと感じて、さらにそこから、いろいろな専門分野に発想を広げていってほしいと思います。まず身体操作の基本があって、それからそれぞれの専門、たとえばバスケットボールや野球でさまざまな工夫ができると思うのです。

面白いのは、そうした基本操作を使って何となくやっているうちに、自分でも思わぬ動きができる場合があることです。桑田選手の場合はこれが顕著でした。彼が武術をはじめて二年目に、まず守備に変化が現われたようです。以前だったら横を抜けていったであろうピッチャー返しの打球が、自分では「取れない」と思っているのに身体の方が即座に反応し、取れるようになったというのです。

なんば歩き　①は現代的な歩き方．身体を捻る．②のように，身体を捻らないで歩くと疲労が少ない．

「もともと守備は得意だったんですけれど、ボールが遅く感じてきて、それまでとは違うんです。こんなこともあるんだなと自分でも驚きました」

と、彼自身が語ってくれました。

桑田選手の場合、喩えて言えば部品が性能のいい新しいものに代わると、自然に身体がそれを組み込んで働いてくれたのでしょう。したがって最新のいい部品を使えば、どんどん動きがよくなってくる。頭では無理だと思っていても、身体が反応するようになってきたようで、これは桑田選手の才能でしょうね。

〝体育〟のイメージの新生を

身体そのものについてつきつめていくと、いろいろな気づきがあって、面白さが見えてきます。そしてそれが本当の意味での体育だと思います。

理屈を嫌い身体ばかりをがむしゃらに使い単純な判断力しか持たない人に対し、「体育会系」というやや揶揄《やゆ》と侮蔑《ぶべつ》をこめた表現が使われることがありますが、こうしたタイプの人は、近代の軍隊化した体育とともに生まれたように思います。それ以前は、剣術など武術の稽古の中で、同時に判断力を高めることができたのです。

勝海舟は「幕府が瓦解する頃は、いろいろ大変だったが、若い頃やった剣術と禅が

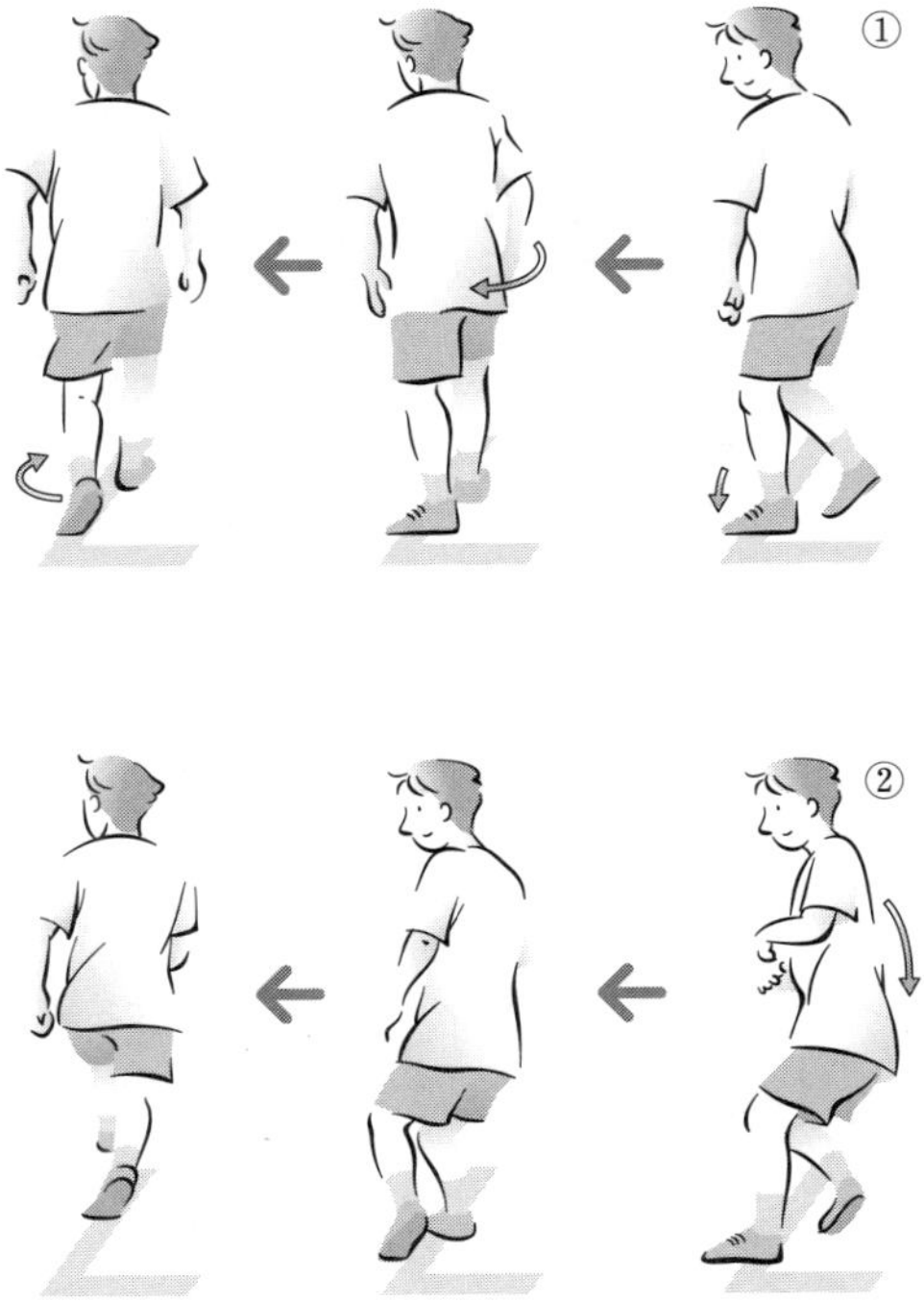

方向転換　①のように足を踏ん張って捻るのではなく，②のように側面に倒れこむようにすると速やかな方向転換ができる．

大いに役に立った」と言っています。またアメリカの特別な才能教育の施設でも、発想を豊かにし、思考力を育てるために、さまざまな運動や工作を教育に取り入れています。身体を通して訓練をするからこそ、判断力が身に付くのだと思います。

これからの教育方法を見直し、体育によって、実際に身に付いた知識と判断力が養成できるということが社会通念化されれば、現在のような体育の専門家に対する社会的評価も違ってくるでしょう。

たとえば、評論や思想の分野においても現在第一人者でありながら、大学の授業で合気道も教えられている神戸女学院大学の内田樹《たつる》先生のような存在は、そうした時代を先取りした新しいタイプの体育教師と言えるかもしれません。

よく、大学の教養課程の体育の先生たちが、「大学まで来て、今さら体育でもないだろう」と言われて腐っているという話を聞きますが、今こそ「大学に来て初めて体育の意味がわかった」と言われるような授業をやるべきではないでしょうか。

身体と精神

身体と精神は密接です。たとえばすごく愉快なのに、鳩尾《みぞおち》はぐっと固くなってくるということはありませんし、鳩尾は固いのに、愉快だということもありません。逆に不愉快なのに鳩尾がゆったり緩んでいることもありません。顔の表情は誤魔化せても身体の反応は誤魔化せません。

怖いのに、心臓がどきどきしないということはありえません。これは横隔膜が上がって心臓を圧迫しているのですが、それを意識的に押し下げることができると、恐怖を感じないと言います。このようなレベルでの身体操作ができると、感情面でのコントロールもできるということです。

整体協会の創設者であった故野口晴哉《はるちか》先生の話によれば、思考にゆきづまっているときは、手首が固くなるなどの症状がよく現われているそうです。つまり、手首がこわばってくると、連想、発想がうまくいかなくなるわけです。こんな時、肘湯といってお湯で肘を暖めただけで、頭の働きが変わってきたりします。

もちろん精神が身体に影響を与えることもあります。相互の問題です。

薬などを用いず、人間の身体を調整することでは、この人の右に出る者はいないとまで言われた天才野口晴哉の操法をもってしても、なかなかこわばりを緩ませることができなかった女の子が、突然すごくやわらかくなった。どうしたのかと思ったら、結婚したいという男性が現われたということでした。それはもうどんな操法も及びません。体の中からの喜びですからね。愛する、愛されるという人間として根源的なことに対して自分の感覚が開けば、それに伴って身体も大きく変化します。

第四章　発想を育てる

1　発想の転換点

千葉周作の逸話に学ぶ

『武術の新・人間学』(PHP文庫、二〇〇二年)にも書いた話ですが、幕末の剣客、北辰一刀流の祖として知られる千葉周作がある門人の家に逗留したときの話です。そこは海のそばにあり、夜になるとその家の下男たちが魚を持って帰ってくる。「どんな方法で獲るのか」と尋ねると、潮が引いた後、岩場の水溜りに魚がとり残されて、手づかみで獲ることができるのだという。面白そうなので、ある晩千葉は下男たちと松明《たいまつ》を持って魚獲りに出かけます。

話のとおり岩場の水溜りには魚や貝がいる。夢中になって拾っているうちに、沖へ沖へと足を踏み出していきます。

たくさん獲れたし、夜も更けてきたので、そろそろ帰ろうとふと顔を上げると、どちらが岸の方向かわからない。こっちだろうと信じた方に行くと、どんどん海が深くなっていくばかり。「しまった」と思ったときには、あたりは真っ暗で、どちらの方角に向かえばいいのか全くわからない。潮が満ちてきたら大変だということで、あわてて、松明をどんどん燃やした。ところが、松明を燃やせば、たしかに周りは明るくなるのですが、周りが明るくなってもどちらの方向へ行ったらいいかはわからない。

だんだん皆が不安になってきて、これは海狸のせいだなどとおろおろし、泣きそうになっている。そのとき、千葉周作が千鳥の鳴き声を耳にして、その拍子にある古歌を思い出します。「遠くなり近くなるみの浜千鳥啼く音に潮の満ち干をぞ知る」という歌です。それで、千鳥の声のする方向こそ、干潟の方角であろうと、今までは方向違いと思っていた方へ意を決して向かいます。すると千葉の判断どおり、無事岸にたどり着くことができたのです。皆ほっとすると、折からの雨もあって寒さが身にしみ、松明を集めて焚《た》き火を作り、着物を乾かし、魚を焼いて、ひと心地つき、それから家に帰るのです。

家に戻って事の顚末《てんまつ》を話すと、海を知り尽くした家の老人が、案内の者たちを叱って言うには、「なぜ松明を消さなかったのだ。どんな暗い夜であろうと、松明を消せば、おのずと陸と海の違いが見えてくる」と、説教したそうです。暗くて怖くなり、松明を燃やして明るくしようとしたのが間違いだったんですね。そんな場合はすぐ消すべきだったのです。

それを横で聞いていた千葉周作は、自分は千鳥の声で救われたが、そんな方法もあったのかと大変感心するわけです。

千葉がこの逸話をわざわざ書き残しているのは、日常生活の上でも発想の転換がいかに大事かということを伝えたかったからだと思います。暗いから明るくする。ところが、明るくすると逆に遠くが見えなくなる。なぜ消さなかったのか。暗いからこそ松明を消す。この発想の転換です。

「永田農法」という発想

現在はさまざまな既成のものが見直され、多様化してきています。たとえば食品です。食糧生産は、一方では、遺伝子組み換え食品が大量生産されようとしているのに対して、他方では大手企業が現代農業の常識とは全く異なる農業を手がけようとしてきています。たとえば服の販売で知られるユニクロが「永田農法」といういわば断食農法を採用して、野菜を生産しようとしているのがその例です。

永田農法とは肥料と水を極力与えないで、植物自身の持つ「生きる力」を最大限に活用する方法です。水は一般の栽培の百分の一。枯れるかどうかのぎりぎりまで追いつめることによって、逆に必死の生命力を喚起するわけです。

これは、「肥料も水分もたっぷり与えて」という野菜作りの今までの常識と、全く正反対な考え方です。葉が半分しおれているような状態ですが、トマトが産毛《うぶげ》から空気中の水分を取り入れている。それで水に沈むような比重の大きい熟したトマトができるのです。ビタミンの量もすごく多くて、食品成分表の数値の三〇倍のビタミンCがあったりするようですし、味も大変甘くなります。もともとは、原産地のアンデスの気候からヒントを得た農法だということです。

数値万能主義の弊害

現在、単純な動きを測定すれば、筋力・体力を測ることができるという考えに基づいて、基礎体力の測定がなされています。しかし、どんなに単純な動きであっても、その動きの質というものがあります。踏んばらないとか、重心をすばやく移動させるとか、見た目には、あまりはっきりと見えにくい身体の使い方こそ、武術の立場からみれば、筋力や体力といったものよりはるかに重要です。ですから基礎体力テストといっても、はたして身体の使い方がうまいから疲労しないのか、体力があるためなのか、本当のところはわからないと思うのです。

しかし現在の基礎体力の測定は、単純な動きならばうまいも下手もないから、数が多くできればスタミナがある、息が切れなければ体力があるという前提に立っているようです。しかし現実には、今言いましたように、身体を消耗させず、非常にうまく使っているから息も切れないのか、心臓や肺の機能がいいから疲れないのかよくわからないでしょう。

近代的な体育学を専攻している人に尋ねても、答えが得られないのがこのあたりの問題です。基本的な動きの中にも技があるという理解が現在では本質的に欠けていると思います。現代は安易に科学化が進み、西洋科学の測定方法が変に発達しているので、本来測ることのできないものを無理に数値化しないと気がすまなくなっているのではないでしょうか。

私の知り合いでリハビリテーションの専門家である理学療法士の方が、「歩けなかった人が歩けるようになったというのに、医者は数値だけ見て、『まだ回復していないのは残念だ』と言うんです。もう歩けるようになって、顔色もよくなっているのに、そういった医者はいったい何を見ているのでしょうか」と、嘆いていました。またこの場合とは逆に、「数値はよくなっているのに、歩けなくておかしい」などと考える医者もいるようです。ですから「手術は成功したが、患者は死んだ」などというばかげた状況が起こるのでしょう。

科学の世界にはまだまだ全体的な把握ができていないのに、ひとたび測定方法が確立するやそれに縛られて、滑稽なことをしていることがよくあるようです。ある体育関係の学会発表での話ですが、学会発表となると恐ろしく稚拙なこともそれなりの発表になるようです。私と親しい科学者のI氏が苦笑いして話してくれましたが、柔道の研究で「科学的測定の結果背の高い人は体重が重い人が多いことがわかった」「体重の重い人は体内脂肪が多いことがわかった。日本人の体内脂肪は欧米人より比率が多いので、この体内脂肪を減らせばオリンピックで勝てるのではないか」という内容を真面目な顔で発表したことがあったそうです。私の友人のI氏はもう笑いをこらえるのが大変だったそうですが、周囲は誰もそういう気配の人がいなくて、いっそうガックリきたそうです。

自動と手動の切り替え

時代が多様化し、しかも科学的手法や装置の導入の方向へ進んでいるために、状況にうまく対応できない人が、現在非常に増えてきていると思います。

ひとつの例がこの頃問題にされている医療ミスです。薬を取り違えたというようなミスはもちろんあってはならないことですが、まだ理解できるミスです。ところが、六〇度以上のお湯に生まれたばかりの赤子を入れてしまったという事故は、もっと深刻な事態です。赤子を抱いてお湯につからせる場合、自分の手の方が先に熱を感じるはずです。六〇度以上でしたら、近くに寄るだけで、もう熱いということがわかるはずです。きちんと赤子を抱いて入れていれば、火傷させる恐れはないはずです。それがそういかなかったということは、六〇度以上の熱さを感じなかったか、あるいは赤子を物でも入れるようにぼちゃんと入れたとしか考えられません。

「最近の若い者は」という言い方はあまりしたくありませんし、幸い私の周辺には、この頃よく聞くようなあまりにものを知らなさ過ぎる若者はほとんどいませんから、それほど切実さを感じないのですが、大学で講師をしている知人などから話を聞くと、「そんなことまで知らないのか」「そんなにも鈍っているのか」と驚くことはいろいろあります。

たとえば、どこかで火を焚くことになったとき、太い薪《まき》にライターから直《じか》に火をつけようとしている者。鉈《なた》で薪を割る台に石やコンクリートブロックを使い、鉈の刃が欠けることに気がまわらない者。釘を打つのにハンマーがひとつしかないと、一人だけがそれを使って、ほかの者はただそれを眺めている。そばにバールやら鉈やらがあっても、それらを使って釘を打つということにまで気がつかない。バールなら十分ハンマーの代わりになるし、鉈だってその背を使えば釘は打てるのに、釘を打つのはハンマーだという答えしか持っていないらしいんですね。

昔のように、子供の頃野山を駆けまわり、肥後守《ひごのかみ》などのナイフで竹や木を切ったり削ったりして遊び道具を作った経験がないと、人間の生活基盤として最も重要な火を焚くこと、その焚き物を作ることも知らずに大人になってしまうようですね。

なにしろ最近は、太陽が東から出て西に沈むという言葉は聞いたことがあっても、自分の住んでいる場所でありながら、どの方向が東か、どの方向が西かということも知らない若者が大勢いるようですから。

まあ、気がつけばビルの上から太陽が出ていて、太陽が沈む頃にはあちこちに灯りがついているのが当たり前の環境になってきていますから、無理もないと思いますが、当たり前のことというのは、その時代では当たり前であっても、時代が過ぎれば特別なことになるということはしばしばあります。そして、当たり前だから誰も特にそのことに注意しないし意識しない。だから記録にも遺さない。そのため時代が過ぎると、それが一番先に消えてわからなくなってしまうようです。

日本では、昔、手を振って歩かなかったということも、当時はあまりにも当たり前ですから、誰も書かない。ですから、時代が過ぎればほとんど忘れられ、今は絵などを参考にするか、当時日本に来た外国人が書き残したものを参考にするなどといったことで、ようやく推測しなければならない有様です。

何でも昔がいいとは言えないでしょう。厳しい差別と苛酷な労働の上にある種の文化が成り立っていた事実もあります。しかし、さまざまなことが崩壊している現状を時代だから仕方がないとそのままにしておいていいのかどうかも、もちろん疑問です。

私の個人的感想を言えば、やはり気が利かなくて鈍い人が増えるとガックリくることが多いし、生きる希望も低下してきますから、これから次の時代を背負う若い人の中に感覚のいい、気が利いて、応用力のある人が育って欲しいと思います。

ただ、そういう人が本当に減ってきたなという危機感は、たとえば電車なんかに乗っていて、その電車が事故で遅れたときに感じます。なにしろそれまで流暢《りゅうちょう》にマニュアル通りにアナウンスしていた車掌が、急にしどろもどろになることがけっこう多いからです。言葉がすごく聞き苦しい。以前だったら、わかりやすく、たとえば「信号機の故障」とか「人身事故があって」と的確に説明できていたのに、昨今はしどろもどろになることが多い。つまり突然起こった事態に素早く反応し、そのことを人に伝えるために自分の中でうまく編集することができなくなってきているんですね。

こういったことはファーストフードの店員でも、予想してもいないことを尋ねられると、いっぺんに敬語が吹き飛んでしまったりすることからも感じます。客との応対の言葉づかいはすべてマニュアルで要は付け焼刃なんですね。

つまり、演技をしているだけで、教養として言葉が身についていないため、その場の状況を瞬間的に把握する能力が育っていないということでしょう。

このことに関連して思うのですが、コピー機でもＦＡＸの機器でも、自動にしておくと融通が利かず、紙が無駄になって困ることがあります。手動ならば簡単に済むことが、逆に自動だとうまくいかないことがままあります。自動的に働く部分がないと不便には違いないので、それ自体悪いことではないと思いますが、肝心なのは、自動と手動の切り替えがうまくできるかどうかですね。

不安定と人間の可能性

人間はほかの動物と違い、生活技術としての本能が極端に少ない生物です。そのため人間はいろいろな文明を発展させてきましたが、決定的にこれがいいというのがなかったからこそいろいろな文明を育てることができたのだと思います。これが一番いいというか、「これしかない」と固定されていたら、こんなにも多様な文明は作れなかったでしょう。不安定だが、そのために絶えず試行錯誤をしてきた。そしてそのことが人間の可能性につながってきたのでしょう。

人間とは、つまるところ何にもなりえなかった存在です。みずからの発想と思考力で、いろいろなものを作ってきたことは、一面ではすばらしいというとらえ方もできますが、他方、つまり本来果たすべきもの、規定された生き方がないともいえます。ないからこそ、擬似的な生活技術の本能というものを作ってきたわけで、それが文明や文化になったのでしょう。ただその人間の文明の高度な(言い方を変えれば異常な)発達が、現在、人間自身の存在をおびやかしています。

人間の生活技術としての本能である文明や文化が、農耕も行わない、行ったとしても、栗の木を植えた程度の縄文文化どまりであったなら、人間がこれだけ環境を破壊し、自らの生存も危まれてくることもなかったでしょう。これも、人間の可能性という長所即欠点のひとつです。欲望にまかせて前へどんどん進むことで、機械文明などの人間の創造物が逆に人間の存在を冒しつつあります。人間のすばらしさが諸刃《もろは》の剣であることをどう自覚して、これからどうするかを本気で考える時期にきていると思いますが、この先どういう道をとったらいいのか、それは本当に難しい問題だと思います。ですから、こういう時代になって、いっそう私は「これが正しい」と言いづらいのです。このことは私の技についても同じで、「この動きは以前に比べればより有効だ」とは言えますが、正しいという表現はどうしても使いづらいのです。

しかし世の中には、「これが正しい」と断定的にものを言う人がたくさんいますね。私にはそれがよくわかりません。もちろん、それが禅で見性《けんしょう》したときのような、うまく言葉にならない感覚的な直感で言うところの絶対的なものなら、そう言うのももっともかなと思いますが、客観的本質的な意味で正しいかどうか判断するのは、本当に難しいというか不可能としか言いようがない。それは私の中に常にある感覚です。自分が常にいいとは思っていない、だからこそ、次々に技が進展していくのだと思います。そしてもちろん、そのことが正しくてよいことかどうかも私にはわかりません。

ただ、言えることは、その進展が常に私の気持ちを集中させ、気持ちに張りが出る方向に行っているか、心にやましさが生じていないか、そういったことを判断材料として、手探り足探りで進んでいます。

2　クリエイティブな教育へ

「学ぶ」という概念を持たないヘアー・インディアン

原ひろ子さんという女性の文化人類学者が書いた『極北のインディアン』(中公文庫、一九八九年)という本があります。この本は、一九六〇年代初頭、二度にわたって、カナダ北西部の寒冷地に住む狩猟民ヘアー・インディアンの世界に入ってともに暮らし、実地調査を行ったときの得がたい体験、フィールド・ワークを詳細に記録したものです。

この本によれば、ヘアー・インディアンには、「教える」「教わる」「学ぶ」という概念がないらしいのです。みんな生活に必要なさまざまな技術を「自分で覚えた」と言うそうです。たとえば、皮をなめしているところにだれかが来て、それに対して感想は言うのですが、決して教えているという感じではない。感想を聞いて、それで結果的にアイデアをもらっていて自己修正しているのだけれども、それは、「教わっている」というわけではないらしいのです。

「学ぶ」という概念がないから、「練習する」という概念もないようです。

船形をしたかんじきがあって、原さんがいざ雪が降ったときのために練習しておこうと思って、「どうやって歩くの?」と尋ねたところ、「雪もないのに、どうしてそんなことをする必要があるの? これは面白いジョークだ」と、みんなが腹を抱えて笑ったらしいのです。

常に実地、実践で覚えているわけですね。ですから何々のために練習をしておこうなんていう発想もない。その結果として、必要となるとすぐ自然に覚えることができるらしいのです。

子供は自学自習の能力を持っている

私は小学校時代、全学年全学期を通して体育の成績が、一度だけ「3」だったことがありますが、後は六年間すべて「2」でした。長距離走や相撲は好きで得意でしたが、短距離は遅かったし、球技は苦手でした。野球などは、ルールを覚えるだけでもひと苦労でしたし、バットを振ったって全然当たらない。泳ぐことさえできませんでした。海でさんざん指導されたのですが、息をとめて、夢中になってバタ足で一〇メートル進むのがせいぜいで、これでは泳ぐとはいえません。なにしろ顔を上げたらすぐに沈んでしまうのですから。

ところが中学生になった夏休みの直前に、二五メートルのプールが学校にできて、夏休みの間生徒に開放されました。そのプールの初日に、だれからも何も教えてもらわずにそうっと入って、平泳ぎのまねをしてみると、その日のうちに一三メートル泳げました。つまり、ああしろこうしろと周りから言われないで自分でやってみた結果、確かに顔を出して呼吸をしながら一三メートル進めたのです。それで、「あれっ」と思って、俄然おもしろくなりました。それから夏休みの間しょっちゅう通って、だれにも教わらずにただ自分の感覚でいろいろやってみました。その結果、一週間か一〇日のうちに二五メートルいける、往復できるという具合に、どんどん泳げるようになって、夏休みが終わった頃は、五〇〇メートルぐらいは泳げるようになっていたのです。

子供はもともと自分で学ぶ力を持っているものです。必要なのは、子供が学ぶためのほんの少しの工夫やアドバイスです。自転車だって学ぶ力を引き出してやれば、だれでもうまく乗れる方法があります。

ペダルをはずしておけば、付き添いがつかなくても、自転車に乗れるようになります。バランスはとらなければならない、ペダルは踏まなくてはいけない、という思い込みが集中力を分散させ学習効果を薄め、自転車に乗るのを難しくしているのです。できたら緩やかな坂のところで、足がすぐ着くようにしてバランスをとりながら進む。スピードが出そうになったら、ちょっと止める。そうやってバランスがうまくとれるようになったところで、はじめてペダルをつけるのです。

自転車に乗る練習をするために、まずペダルを外すというのはある自転車店の人が気が付いたそうですが、こうして放っておけば、何ら手助けをしなくても、必ず乗れるようになります。下手に大人が張り切って教えたがり、脇で「ペダルに足を載せて漕ぎなさい」などとうるさく言ったら、子供は「だめな自分」を印象づけられて自信を失ってしまいます。

自由な中で稽古する

武術の稽古というと、一般的には木刀の素振りなどをノルマ化したり、決まった練習をただひたすら繰り返すイメージが強いのではないかと思います。しかし私の稽古会では、各自が自由にやっています。

私が親しくしている中国武術に詳しい人をみんなに紹介したら、今ではすっかりそちらに傾いている人もいますが、それぞれ相性や向き不向きがあって人それぞれなのですから、それはそれで結構なことだと思っています。

私の会はそれぞれが自由に研究しながら稽古をしているわけで、規則や決め事があまりありません。よく言うのですが、私の会はないないづくしで、段位がない、イベントをしない、支部がない、役職も作らないという会です。まあ、長くやっていると、四国や仙台に実質的な支部のような集まりができて、そこには実質支部長もいます。でもそれは、幹事または世話人のようなものであって支部長といった名誉職ではありません。ですから、世話になっている人たちから一目は置かれているけれども、私と連絡を取ったり、場所を設定したり、稽古をやる上で必要な世話をしているにすぎません。ただ、もちろん人間的にもしっかりしているので、稽古会の核になる中心人物ではありますが、役職名をつけていないので、他の人間が、「あいつのかわりに俺が支部長になってやる」というような、稽古とは全く無縁の名誉欲を刺激することもありませんし、それによって嫉妬心をかき立てることも起こりにくいでしょう。

放っておくと、中心人物となる信頼に足る人は自然発生的に生まれます。役職も段位もないので、人間関係もうまくいく。無理なノルマもなく、完全に自主性に任せています。まあ、今、そういう人に支部長という肩書きをつけても問題も起こらないでしょうが、支部を作らない、と言ってきましたから、別に今さら作る気もありません。私がこういう形態の稽古会をやっているのは、この武術稽古研究会を作る前に私自身、「ああはなりたくない」という団体をさんざん見てきたので、全く別のタイプの、とにかく稽古研究を最優先にする稽古会を作りたかったからです。

探究的な練習に意味がある

桐朋高校のバスケットボール部の金田監督も、私と出会ってから押しつけるような教え方ではなく、みんなに考えさせる方法に練習方法を切り換えたそうです。そうしてみるとその方が実際楽で、生徒もやる気になって、人生観も変わったと言われていました。もともとは「おれについてこい」式の人だったのですが、実際に生徒たちの自主性に任せてみると見違えるように子供たちが変わってきて、それでこれまでの指導のあり方を見直されたのです。

もっとも、私と出会ってわずかの間にそうした方針に転換できたというのは、素質としてもともと、そういう感覚に感応するものが金田監督にあったのだと思います。それから、私と金田監督の橋渡し役となり、常に金田監督のよき相談相手となっている長谷川智コーチの力も大きかったと思います。

長谷川コーチは剣道五段で、もともと剣道の専門家を目ざし、大学卒業時にはある国立大学の剣道指導者にと望まれたほど、その道一筋に子供の頃から精進を続けてきた方ですが、多くの人は、大人になると鈍ってくる子供の頃の純粋さを多分に残して成長されたのでしょう、現代剣道でいうところの、ある面、問答無用的な「正しい剣道」(現代剣道では、常に右足前で行うことが正しいとされ、一部の古流に見られる左右の足で自然と進退することが否定されているが、その具体的根拠ははっきりと示されていない。また、多くの剣道家が宮本武蔵の『五輪書』を重視するが、武蔵はこの中で、足使いについて、踵《かかと》を強く踏むべしと述べているにもかかわらず、現代剣道は爪先立った立ち方を正しいとしており、武蔵の教えは否定されている。だがその根拠も、爪先立った方がスポーツ的に〝ため〟のある動きが行いやすいということ以外、詳しい説明はなされていないようである)にどうしてもなじめず、「もしこのまま自分も納得できない「正しい剣道」を「これが正しいのだ」と言って後進を指導したら、きっと自分はノイローゼになってしまうだろう」と思い、子供の頃からの夢だった剣道の専門家となることを断念したという珍しい人物なのです。

それだけに私と話も合い、私が大変信頼している方です。

私は自分の会を立ち上げる前からずっと考えていたのですが、苦しいことをじっと我慢しているだけでしたら、クリエイティブなことはできません。ライト兄弟が飛行機を作ったときでも、よそ目には大変な苦労のようにみえたでしょうが、本人たちは決して苦役ではなかったと思います。食事の時間も惜しんで、缶詰を買い込みながら、集中して計画的に飛行機作りに取り組んだそうですから、無理して我慢していたとはとうてい思えません。これは稽古にもいえることです。初めから二時間やると決めて、義務感で稽古を続けたとしても、それはむしろ感覚を鈍らせることにしかなりません。

素晴らしい芸術作品を作った画家が、自分にノルマを課してやろうとしたでしょうか。才能があり、閃《ひらめ》きのある人ほどそうではありません。数をこなせばうまくなるといいますが、単なる数量の問題ではありません。天才的な人ほど、「いや違う」「これは違う」と結果として何枚も何枚も描いた、ということはあるでしょうが、それは単なる繰り返しではないはずです。おそらく自分の中の「これだ」というイメージに合うものを必死で探していった結果そうなったのでしょう。

数やるうちに慣れで何となく形になってくるのと、最初から自分の中にある感覚を追究するのと、そこには決定的な違いがあります。

私が武術の稽古で、「基本が大事だ」と言って何度も繰り返し反復稽古をすることに疑問を抱いているのはそのためです。だいたい基本の重要性というのは、かなり使えるようになってからでないとわからないものです。それが実感されたときは、もはやノルマとしての基本ではありません。毎回毎回が反復ではなく、探究になっていて、一見同じことを繰り返しているように見えますが、実質的には毎回新しいことをやっているようなものなのです。

「基本が大切」と言っている人のほとんどは、「基本が大切らしい」といったレベルだと思います。私は、私の技のなかに基本を作らず、絶えず基本が何なのかを探究するようにしています。

梶川泰司氏のこと

バックミンスター・フラーのもとへ行き、世界的な数学の発見を独学でやった梶川泰司氏は、私が今まで会った人のなかでも、飛びぬけてユニークな人です。大変頭のいい人で、広島のある進学高校に入ったのですが、高校一年のとき、試験で人間の価値を決めるのはおかしいということに気づき、そのため、高校もほとんど行っていないような人です。ただ、よほど常人と違うオーラを発していたのでしょう。授業にもほとんど出ず、試験も受けなかったのに、高校を卒業させられてしまったそうです。とにかく大変オリジナリティの強い人で、英語を勉強するときにも、「こうやれば英語が簡単にできる」式が嫌だったそうです。辞書だけは仕方なく使ったそうですが、あとは直接原文に取り組み、食事の時間が逃げになるからと、一週間分スープを作り貯め、野菜を足しながら、一日十二時間ぐらいすさまじい集中力で勉強したそうです。

梶川氏がユニークなのは、「何がやりたいのかわからない自分を大切にした」ということです。普通は自分の進路がわからないということは、不安な気持ちになるものですが、梶川氏は、二六歳ぐらいまでアルバイトをしながら、自分にとって一生をかけられるものは何かを、ひたすら探していたようです。

そして、とうとうアメリカの哲学者であり数学者でもあって、宇宙船地球号という言葉を生んだバックミンスター・フラーの『クリティカル・パス』を読み、これなら一生をかけられると思ったと言います。それから猛烈に英語の勉強もやり出したのです。

そして三年後にフラーのところへ行くことになります。大体の場合、「あの人のところへ行けば何かあるかもしれない」ということでフラーに会いに行く人が多かったそうですが、梶川氏は、自分が得た結論の確認をしに行ったそうです。

そして梶川氏は、プラトンの正多面体とアルキメデスの準正多面体は、すべて基底状態(正四面体、正八面体、正二十面体)のいずれかに折りたためるという世界的発見をして、大学を出ていないユニークな数学者としてハーバード大学の客員講師に招かれたのです。

梶川氏から私が聞いた話ですが、梶川氏が以前ある学会で発表したときに、「非常にすばらしい。ところでオリジナルはどこにあるんだ」と言われたそうです。最初はいったい何を言われているのかわからなくて「これは私のオリジナルです」と答えたところ、重ねて「外国のだれの理論を参考にしているのか」と聞かれるので、「私のです」と言ったら驚かれたそうです。そしてそのとき、日本の学会は外国のものをただ焼き直しして発表するだけなのかと気が付いて、ますます独自の道を歩んでいこうと心に決められたそうです。

クリエイティブな苦しみ

結果が出るまで苦労したのは、桑田選手も桐朋高校も同じです。桐朋高校の金田監督は、「古武術をバスケットボールに取り入れたい」と言う人に対して、まず、「地獄を見ますよ」と忠告しているようです。なぜならば、それまで持っていたスポーツ観、トレーニング観、指導者観との違いに悶々としなければならないからです。なにしろ、自分がこれまでやってきたことを否定されることが多いのですから、それに立ち向かうのはとても辛いことです。桑田選手も私と出会ってから一年後の二〇〇一年には二軍に落ち、大変辛い時期を過ごしたと思います。

よく、事業に成功した企業の社長さんに「若い頃こんな苦労があった、この苦労があったからこそ後の開花があった」云々というような、苦労を売り物にする人がいますが、苦労が先にあったからこそ何かが開花するという考え方と、桑田選手や金田監督のような、「ここには何かありそうだ。だがそれに手を出すべきだろうか、どうだろうか」と身を煎《い》られるような苦しみとは全く質の異なるものです。

クリエイティブなことに挑戦するなかで出会う苦労には、きしむような葛藤があるものです。それは避けがたい必然的な苦しみです。なにしろ、前例がないのですから。ですから後で説教じみた調子で語れるようなものではありません。

よく言われる「買ってでもしろ」という苦労、いじめ抜かれたり、しごかれたりして這い上がってきたとかいうような苦労は、私に言わせれば感覚を鈍らせ、むしろクリエイティブな感覚を阻害する恐れがあります。例外もあるかもしれませんが、そういう苦労は、既成の価値観のなかでの事業に成功しても、大きな脱皮や発見にはつながらないでしょう。

本人が結論を出す

なにごとにつけても、結論は、指導者ではなく、本人が出さなくてはなりません。ずば抜けて優秀なセールスマンは、売り込むときに「絶対にこれがいい」などと言って直接勧めることはしません。相手の理解の度合いを見て情報を出し、相手の連想がふくらんで最後に「これはいいものだ」と相手自身が結論づけるように話を持っていきます。

人間は基本的に、人にあれこれ言われることを嫌うものです。自分が決断したからこそ、人間は動くのです。

桐朋高校のバスケットボール部員だって、桑田選手だってそうです。結論は彼らが出しました。結論に向けて、方向づけをするようなヒントを出したのは私かもしれませんが、それをどう受けとるかは相手のセンスと力量です。

社団法人整体協会の創設者だった野口晴哉《はるちか》先生は、潜在意識の誘導がすごくうまかったようです。ある人が「ぜひ、野口先生に診ていただきたいのですが」と電話をかけてくる。すると「いやいや、まだ寝ていなさい」と野口先生が答える。しばらくしてその人がふたたび「こんなに元気になりました」と野口先生のところに電話をかけてくる。すると「まだまだそんな程度じゃだめです。安静にしていなさい」と断る。

やがてその人が「どうも断られるたびによくなるのが妙だ」と言っていたそうです。まあ恋愛の心理のようなものだったのでしょう。お金にはならないでしょうが、それは本当にその人の心をつかんで、誘導していったのでしょう。野口先生はそのあたりが天才的に上手で、実に数多くの人々の健康指導をされていました。それは、身体というものを通して、その人の心の在り方を深く把握していたからだと思います。

たとえば、体調を崩している人にかける言葉にしても、Ａさんには「これはたいしたことがないから大丈夫だ」と言うと元気になるけれども、Ｂさんの場合に同じことを言うと、「何だ、俺の病気を安く見立てやがって」と内心不満に思うところが出て、容態を急に悪化させることがあるということまで、身体の観察が行き届いていたのです。

私も自分の稽古をする上で、この野口晴哉先生と、晴哉先生の次男で現在整体協会に付設されている身体教育研究所の所長である野口裕之先生の身体観と考え方に、どれほど多くのヒントをいただいたかわかりません。整体協会との出会いがなかったら、現在の私の武術の体系と考え方は存在しなかったと言ってもいいと思います。

身体の本当の要求に耳をすます

昔から子供を育てるコツとして、「少し飢えさせ、少し寒くさせる」というのがあります。今の環境において、何もかもが過剰になってきていることが身体に問題として出てきていると思います。情報も過剰になり混乱を起こしています。出来合いのもので済まそうとしていて、もともとの材料から出発し、見て考えて作っていくという過程が抜けてしまっています。

また身体の感覚に関しても、たとえば痛みですが、怪我などが回復してくるときに、痛いことは痛いけれども、今縮んでいるところをぐっと伸ばした方が、より回復が早くなるなという痛みと、これをやったらいけない、これは動かしてはいけないという痛みとがあります。同じ痛みの信号でもさまざまです。萎縮していたのが伸びて動いてくると、そのあと気持ちよくなってくる。快痛とでも言いましょうか。その違いは、人に聞くよりも自分の中にある感覚に頼らざるを得ません。こういうとき、既成の概念を捨て、自分の体の中の感覚に耳をすますようにすると、必要な動きが自然と出てくるものです。

回復時の身体感覚というのは、要は快か不快かです。その感覚をどうやって見分け、それぞれの場合に対応したらいいのか、そうした能力を身に付けるということも、これからの教育のテーマのひとつだと思います。

立体的な教育へ

学校教育については以前から私は、小学校の頃は国語と歴史と体育をやるのがいいと思っています。国語は、日本でいろいろなことを学ぶ上で、さまざまなものを読み、また人と交流する際に欠かせませんから、どうしても要ります。

そして、あとの算数・理科・社会・図画工作などは、すべて歴史として、人類が有史以来どのようなところでどのようなことをして、何を作り発展させてきたのかを、物語として学ぶことがいいのではないかと思っているのです。そしてそれらの学習をより身につけ実感を伴ったものにするために、体育があると思うのです。

ですから、その体育というのは、現在の学校体育とはよほど違ったものになります。体育とはいっても、山や海辺を歩いて木や鳥や雲や地形や岩石を観察する。そして、そこで火を熾《お》こしたり、木や竹を切ったり削ったりして工作をする。

すでに触れましたが、なにしろ現代は焚き火をするのにいきなり太い薪にライターで火をつけようとするような大学生がいる時代です。人間として生活していく上で本来最も重要な火の燃やし方も知らないというのは、どう考えてもおかしなことだと思います。そういう人間が、もし地震とか何かで電気やガスの供給が止まったら、全く何の役にも立たない、ただ足手まといなだけの人間になってしまうでしょうし、そうした非常事態に遭遇することがなくても、人として社会のなかでさまざまな人と交流し、自らの生き方を確立していくためにも、人として生きていく上で最も基盤となる生活技術をほとんど身に付けていないということは、さまざまな人間関係の対応にも貧困な発想と行動しかとれないように思います。

よく理科系・文科系という言葉を使いますが、うまくやればともに伸ばしていくことができるはずです。それをより細かく分野分けして理科系の中でも何々が専門と言いたがる。これは現代社会の通念では、どうしても理科系優位の風潮だからでしょう。それは、養老先生に伺ったエピソード〝ある国立大学の学長が「国立の大学になんで人文系があるのか」と、思わず口ばしった〟という事実にも表われていると思います。たしかに明治維新以後、日本は西欧に追いつくため理科系を重視しましたが、その結果は便利さの追求を至上の価値観とし、人間が生きているということの意味を深く掘り下げる思想や哲学は、単なるデコレーション化してしまった感があります。しかし、理科系、人文系の相互交流を深めた立体的な学習を進めることができれば、いわゆる文科系の人でも十分理科系科目が理解できるようになり、思索もより深まるはずですし、理科系の人も人間にとって何が本質的に幸せなのかということを考えるセンスも生まれてくるでしょう。専門を分けすぎたことで、人間の精神、発想の豊かさを阻害していることは確かだと思います。

おわりに

発想の転換をあらゆる場に

第一章では、桑田真澄選手や桐朋高校のバスケットボール部がどのように私の武術を取り入れたかということを中心に話をしました。

そこでも触れたように、私がひとつひとつ教えて、これらの人々がそれを覚えていったわけではありません。私は発想の転換に必要なヒントを提示したにすぎないのであって、それを応用したのは桑田選手であり、金田監督をはじめとするバスケットボール部員たちだったのです。

生命体というのは、さまざまな状況において複雑に機能しています。これまでスポーツ界で重視されていたウエイト・トレーニングは、一番わかりやすいし、効果も出やすいので、今後も続けられるでしょうが、トレーニング界にも今までの常識とは異なった方法がきっと生まれてくると思います。私のやっている古武術＝創作武術が少しずつ他の競技界の人から注目されているのもその現われでしょう。今がちょうど分岐点なのだと思います。

そして、本書でずっと説いてきたように、身体を通して得られた発想の転換は、スポーツの世界で意味を持つだけではなく、さまざまな分野で、発想の転換を促すでしょう。

現代に生きる私たちは、生きていく上で基盤となる確かな考えを持ちえなくなってきています。そのことは、冷戦が終結し、資本主義と社会主義という軸がなくなった上に地球の未来が危惧される環境問題が、待ったなしの状況でいっそう深刻なのにもかかわらず経済問題などのために手がつけられないことを見てもあきらかです。もはや既存の解決方法では太刀打ちできないのが実情でしょう。今は、通り一遍の選択肢の中から、あれかこれかを決断するよりも、新しい発想が求められる時代なのではないでしょうか。

そうした時、身体の動きという実感を通して得られた物の考え方や発想の展開のさせ方などは、将来いろいろな現場で働いたり研究したりする中で、新たな方法、新たな発想が必要になる場合に、きっと役に立つと私は思っています。

美意識が人生を支える

新しい発想を生み出す根底には、美意識がなければなりません。本文の中でも話しましたが、私は中国武術にも関心を持っています。しかし最終的に日本の武術にこだわりたいというのは、日本の刀の美しさに対する愛着が自分の中にあるからです。これはだれかから押しつけられたものではありませんし、いわゆる「愛国心」の表われでもないと思います。政府が言っている、今の学校教育などで「愛国心を育てる」などということが、一見効果を挙げたように見えたとしても、戦時中「鬼畜米英」などとののしっていた人間が、戦後一変して「ギブ・ミー・チョコレート」と言って進駐軍に擦り寄った程度の根のない愛国心を育てる程度の役にしか立たないでしょう。

そうではなく、自分の中の美意識と一体化した、政治的なナショナリズムではない、自分の中の美意識に付随するナショナリズムが必要なのです。この漆の器が好きだというような、個人的な好みに基づくもの、それこそが真に強い裏切りのない国を愛《いとお》しむ心を育むと思います。教科書やら話だけで「愛国心を植え付けよう」などというレベルでは何かちょっとしたことが起こればすぐひっくり返ります。そんなものは強ければ強いほど偏狭なナショナリズムに陥って、理不尽な差別を生むことに役立つ程度でしょう。

美意識に基づく「これが好きだ」という気持ちは、威張ることでも何でもありません。排他的になるようなナショナリズムは、政治的にあとでくっつけたものにすぎません。「能が好き」「この器が好き」「この刀が好き」という好みは、人間の存在の深いところに根ざしていて、本来政治的なものとは無関係なはずです。その証拠に、日本の古い民家の魅力に惹《ひ》かれてヨーロッパから日本に移り住み、そうした古民家の再生をしているドイツ人などが活躍していますし、亡くなってしまいましたが、信州の宮入行平刀匠のところに入門し刀匠となったアメリカ人も刀剣界では有名でした。つまり、頭で考え出した理屈ではなく、体感として惹きつけられる居心地のよさとか、見ただけでたまらなく好きになり、そのことを忘れることができないというような美意識こそが、最終的にその人を支えるのだと思います。

美意識は、生きがいに直結した強いものです。理屈なしに好きなものがあれば、死ぬ直前であっても楽しめます。生死を分けるようなぎりぎりのときに、最も力になるのはこうした精神的な豊かさに思い至れるかどうかで、このことこそがその人の生の意味を決するのだと思います。

岩波現代文庫版あとがき

本書の原本である岩波アクティブ新書が刊行されたのは、今から十一年前、当時巨人軍に在籍していた桑田真澄投手が引退を囁かれて二軍で調整中の状況から、一転して二〇〇二年に最少防御率で復活を遂げたことが世間で話題になっていた頃である。そして、本書はそのことがひとつのキッカケとなって企画が生まれたのである。なぜなら、本書の冒頭で紹介したように、桑田氏復活のキッカケが、私の道場に通い、スポーツ的身体運用の常識であった体の捻れから生み出されるパワーを極力排した投法で活躍したことに世間の注目が集まったからである。

その後、私の武術から生み出された体の使い方は介護や楽器演奏などに広く使われ始め、それぞれの分野でかなりな成果を挙げるようになってきた。たとえば、楽器演奏では音楽家を対象にした講座を主催してもらっているフルーティストの白川真理女史が、周囲の誰もが認めざるを得ないほどの変化を遂げ、昨年(二〇一三年)高松で開催されたフルートの全国大会で、この武術による体の使い方のワークショップを依頼されるほどにまでなっている。また、介護においては、介護福祉士の岡田慎一郎氏が、このやり方を広く伝えるため、「古武術介護」という新しいジャンルを創出して、全国を飛びまわってこの技術を伝え、現在も年に三百回以上の講習会を行うほどの引っぱりだこである。

そして、この十年余りの間、私の武術の大きな柱である剣術も体術も、どちらも十年前はまるで想像もつかなかった進展があった。本書を久しぶりに繙いてみて、何よりも浮かんでくる思いは「懐かしさ」である。そして、この本で説かれている術理が、確かに今の私の技の基礎となっていると感じると同時に、「ああ、もしこの時、ここから展開した今の私の技を、当時の私に説明したら、ひどく興奮して聞き入ったことだろう」と、タイムマシーンでもあれば、この時代に戻って、その時の私に教えたいような衝動にかられた。

では、一体どういう気づきがあり、変化進展したのか。その主だった気づきについて述べることにしたい。まず、剣術における大きな変化は、二〇〇八年の五月三十一日に起こった。この日、私は岡山にいたのだが、それはこの地で、本書が岩波アクティブ新書で刊行された頃、親しくなり、その後私にとって武術における一番の盟友となった光岡英稔日本韓氏意拳学会会長の師である韓競辰老師の講習会に参加するためであった。

そして、この夜、光岡師範と共に、中国の剣の使い方と日本の剣の使い方の違いについて、この韓老師といろいろお話しし、私も剣術を実演したのだが、この時韓老師が両手を寄せて私の竹刀を使って見せられたのを見て、突然何かに打たれたような衝撃をもって、私は「刀というのは現代剣道のように柄を持つ両手の間を離すのではなく、寄せて持つものだ」ということを実感したのである。

そして、その時、私が最も関心を持っている江戸時代の流派、夢想願立の伝書の絵が思い浮かんだのである。それは天狗が刀を両手を寄せて柄を持っている絵であった。そして、この「刀は両手を寄せて持つものだ」と実感したと同時に、背中が何かムクムクと地殻変動のように内部から動いた感じがして、身体の中の何かが組み換わり、私はこの夜を境にして以後、両手を寄せて刀を持つようになったのである。

その後私があらためてくわしく全国に残っている江戸期以前の剣術の伝書や、絵草子、浮世絵などの絵を見直してみたところ、そのほとんどは両手を寄せて刀を持っていることが判明した。特に葛飾北斎の『北斎漫画』は、そこに描かれている人間の全員が竹刀を鍔寄りに両手を寄せて持った姿で稽古している様子が生き生きと描かれている。

この二〇〇八年五月の気づきは大きかった。なぜなら、この気づきから二年と二か月半ほどの後、私は真剣(日本刀)は竹刀よりも迅速に変化する道具なのだということを身をもって悟ったからである。そして、それによって昔から伝えられている「電光のように刀を変化させた」という話は決してホラでも作り話でもないことが確信できた。その後、さまざまに研究し、現在では刃音をたてて相手と切り結ぶ直前に、その刀を素通りしたように見える速やかさで反対側に抜くことができるようになった。

しかし、このようなことは残念ながら現代剣道の世界では常識外のことである。この動きができるようになってしばらく経ったある時、剣道関係者の前で実演したことがあったのだが、その時、見ていた人の何人かはあまりに驚いたのか顔から表情が固まったし、最近も大変な剣道愛好者である、会社の社長や幹部来賓の集まりで実演したところ、会場がどよめいた。この時、この場に来ていた人達は剣道の高段者や柔道空手などの武道関係者がほとんどで、中には有名な剣道の全国大会で優勝した選手なども招かれていたのだが、そうした人たちも日本刀がこのような速さで変化することは今まで見たことがなかったのだろう。

なぜこのようなことが可能になったかというと、刀を手や腕で不用意に動かさないようにしたからである。両手を寄せて刀を持つとテコの原理も利きにくく、腕で刀は扱いにくい。しかし、だからこそ腕を使わず体全体、主に体幹部を使って刀を操作できるのである。そして、そうした動きは真剣に限らず、竹刀での対応にも現代剣道の常識にはない働きが可能になるので、剣道の高段者と竹刀を交えても驚かれるようになったのである。

では、次に体術の変化についても報告したいと思うが、まずこれは剣術に入れるべきか、体術に分類すべきかを迷う「太刀奪り」について少し述べておきたい。「太刀奪り」とは、相手が刀で斬り込んでくるところを打たれぬように体をかわして相手の刀を無刀で奪うもので、しばしば合気道などでも演武されることがあるが、実際に相手に当たっても危険性のない緩衝素材の入った柔らかな竹刀などで、その気になって打ち込んでくるところを、体をかわしてこれを捌くということは、相当に困難である。なぜなら百メートルを十秒台で走る陸上選手や瞬間的な反応能力が高い卓球選手などでも、つい床を蹴って動いてしまうからである。

そのため、たとえば相手が上段からこちらの面に向って真直ぐ斬り下ろしてきた場合でも、これを横に避けようとした時、床を蹴って動けば、蹴った分だけどうしても下半身が遅れ、頭や肩はかわせても腰や足を打たれてしまうからである。

となれば、打たれず、斬られぬようにするには、床を蹴って移動してはならないということになる。そのあたりがスポーツ選手にはなかなか理解しがたいところであり、また理論として理解したとしても、現実に動こうとすると、どうしても床を蹴る動きが出てしまい、そのため対応が遅れて打たれてしまうのだと思う。

では、どうするのかといえば、体幹部を使って体の向きを変換し、それに足が従うようにするのである。ただ口で言うのはたやすいが、現実にそれを行うのは難しい。なぜかというと、人間は子供の時から何か緊急に避難をしようとする時、床を蹴って動くということが、どうしても体にしみついてしまっているからである。そのため、「蹴ってはいけない」と理解すればするほど体は動かなくなってしまう。

私も本書の原本であるアクティブ新書を出した十年ほど前であれば、風を切る音がするほどの速度で打ち込んでくる相手のソフト竹刀をかわすことなど全く不可能だった。それが、真剣が竹刀よりも迅速に変化させられるようになり、それにしたがって体幹の使い方も次第に分かってきたのか、一年ほど前からは風を切って打ち込んでくる相手の竹刀からも、体を捌いてかわせるようになってきた。そしてその後、袈裟、つまり斜めに打ち込んでくる攻撃に対しても、身体が以前とは全く違う間に合い方をするようになったのである。この動きは、体術の上達にも剣術の上達にも深く関わっているようで、剣術はより体術的に変化してきているし、体術においても今までにない動きを見せている。では、その体術の変化についても報告をしたいと思う。

十年前、私の武術は野球やバスケットボール等に応用されて成果を挙げていたが、私の武術にとっては、もっとも近い存在である剣道や柔道とはあまり縁がなかった。その理由のひとつは、剣道や柔道という現代武道は、やはり私のやっている武術に近いものであり、近いだけに微妙な同属意識が働くのか、他のスポーツ以上に敬遠されていたことがまず挙げられると思う。十年前もごくたまに柔道や剣道関係者と接触して驚かれることはあったが、話はそこで終わっていた。それがこの十年の間に、かなり状況が変わってきた。

特に、ここ数年の間、私は柔道では日本を代表して世界選手権に出向くような人達何人とも手を合わせる機会がかなり出てきて、そうした人達の中には私の武術に関心を持って、複数回私の許を訪れる選手も出てくるようになった。昨年(二〇一三年)暮に柔道界では名を知られている、ある指導者が、じかに私の動きを学びたいということで、公開の講習会に参加されたので、年明けに私の道場「松聲館」にあらためて御招待して、じっくりと時間をかけて検討研究稽古を行ったが、かつて日本を代表する柔道選手として世界で戦ったような人物としては、初めて率直かつ熱意を持って私の動きを学んでいただき、私としても非常に有意義な時間を過ごすことができた。このように、以前にくらべて訪ねてくる人達の感触が変化してきた理由のひとつは、私の技が進展し、手を合わせてみれば、その違いが以前にくらべはるかにはっきりとした形で現われるからだと思う。

たとえば組手争いという互いに得意の形に組もうと手を出して払い合う動きで、私とこれを行った選手は、例外なく組手争いにならないので、まず驚くのである。組手争いにならないとは、どういうことかというと、有利に組もうと互いに相手の手を払いつつ、自分の得意な組手に持ち込もうとするため、たとえば私が手を出せば、相手は必ずそれを払ってくるわけだが、相手はその私の手は払おうとしても払えないのである。つまり、払おうとした手が私の手に触れた途端に、私の手が少しも払われないため、逆に相手の体が崩れるか、私が払い返すことで相手の方がよろめいてしまったりするからである。そのため、私が一方的に相手に攻め込んでいるような状態になってしまう。こうしたことは、日本を代表する選手も私と手を合わせるまでは、まず体験していないから驚くのだと思う。

それから、私の腰の構えは「屏風座り」という踵を床に着けたまま腰を落としても体が前傾しない構えのため、身体全体に一種の張力が強くかかり、足払いをかけられたり、何か技を仕掛けられても、それに対する体の安定性が柔道でいう自然体や自護体とは全くちがう強力さがある。そして、さらに「綴れ足」という微細な足の踏み換えにより、居着きが以前に較べさらになくなってきているため、私がかける技の利きが良くなっているのである。その他にも「浮木の腿」「謙譲の美徳」といった原理を見つけてから、私の技の利き方は以前とはずいぶんと違ってきている。また、手指の形の組み方でも、それによって驚くような身体の力を呼び起こす事がわかってきた。たとえば、三年ほど前に気づいた「虎拉ぎ」や「旋段の手」、二年前に気づいた「角成りの手」などというものも、十年前ではまるで想像もできなかった技の利き方を齎《もたら》している。

たとえば、「浮木の腿」とは何かというと、これはやや前重心に立った姿勢から、その重心が前にかかった状態のまま、膝を爪先方向に移動することなく、その場でその前足を上げる身体の使い方である。言葉で言うとわかりづらいかもしれないが、これは普通どうしても前重心の反対側の足に一旦重心を移してからでないと、容易に前足の腿から直には上げにくいものであるが、それを何とか体の使い方を工夫し、後ろ足に少しも体重を移動させることなく、かつ膝を少し爪先方向にズラして、時間稼ぎもせずに腿の部分を上げる動きなのである。

ただ、これができると、相手と触れ合った状態で、ちょっと常識的にはできないようなこともできるようになるのである。また、「謙譲の美徳」とは、相手を押し飛ばそうとする時、頑張って強く押し飛ばそうとしても、逆に相手に頑張られやすいが、押し飛ばそうとしてその場で自分の方が身を引くようにすることによって、かえってエネルギーが相手に伝わり、頑張って押し飛ばすよりも、より有効に相手を崩すことができるというものである。また、「旋段の手」は手の指の第一関節から第二関節を掌側に折り曲げ、さらに人さし指は指の付け根から掌の中心に向って強く折り曲げ、小指は反対に手の甲側に反らせるようにし、その間の二指はそれに伴ってらせん階段のような形を描く掌の使い方を指す。こうすると相手の身体の一部を親指の付け根に引っ掛けて、強力に引き寄せることができるようになるのである。

また、「虎拉ぎ」というのは、親指を小指の付け根に向って丸くカーブさせ、人さし指はこの親指の方向とは逆に、ちょうどイスカという松の実などを食べる鳥のくちばしのような互い違いの形を作って、前腕を強く内旋させる働きと、この前腕の内旋に拮抗しようとする働きを生み出すのである。これは元々手首や腕を摑まれた時に強力に対抗できるようにするため開発した技であるが、その後、これが腰から下の脚力を驚くほど強化することがわかり、寝技に巻き込まれそうになっても、これに強力に対抗できるようになった。また、かなりの段差や階段なども、信じられないほど楽に上がることができるようになるなど、その想像を超える応用範囲には、この技を体験した誰もが驚いている。

お蔭で私は寝技の稽古など今まで全くやったことがないにもかかわらず、柔道やブラジリアン柔術、サンボ、総合格闘技といった寝技の専門家と手を合わせて、今まで一度も寝技に引き込まれたことがない。また、「角成りの手」とは、手の四指と親指を直角方向に拮抗させるような形とすることによって、相撲などで、上腕部を下から強力に押し上げられても、それを一気に下に崩すことが可能になったのである。

こうした私の技の進展は、一人私の身体にのみ起きたことではない。それどころか「浮木の腿」「謙譲の美徳」「虎拉ぎ」などというものは、その驚くような働きは、私以外の人達が気づき、私に報告してくれたものである。「浮木の腿」は、私の長男で二年間ほど私のアシスタントをしていた後、さまざまな身体技法の指導者として独立して講習会などを開いている甲野陽紀が、「謙譲の美徳」は本職はシステムエンジニアであるが、たまたま趣味のフットサルの上達に何か参考になるかと、気軽に私の講習会に参加して以後、武術にのめり込み、しばしば午前三時頃まで残業してでも時間を作って私の講座や稽古会に参加している田島大義氏によって開発された。また、

「虎拉ぎ」の技を作ったのは私であるが、この技が私自身思ってもみなかった脚部を驚くほど強化するということに気づけたのは、若い武術研究者である北川智久氏の功績である。そのおかげで、すでに述べたように寝技を知らない私が、寝技の専門家と組んでも、寝技に引き込まれないで済むようになった。

以上、ざっと現在の私の技について解説したが、恐らくこの本が刊行される頃は、またこの「あとがき」で書いたところからの進展もみられているだろう。現に、この稿を書いた時から、いま(二〇一四年二月)校正をしている間に、非常に大きな気づきを得たのだがそれについては、月に二回私が「夜間飛行」から出しているメールマガジン『風の先、風の跡』http://yakan-hiko.com/kono.html をお読みいただきたいと思う。

それから、本書の中で、小学校の教育は国語と歴史と体育にすべきだとの提言も行ったが、この十年ほどの間、私は内田樹神戸女学院大学教授(現名誉教授)の推薦によって、二〇〇七年から三年間神戸女学院大学の客員教授を務め、教育についても改めて考えることがあったが、ちょうどその期間、東京大学の理学部数学科に学んでいた森田真生氏と「この日の学校」という二人の対話によるセミナーを開講した。これは受験や資格取得のために学問を学ぶということではなく、本来は人が人として生きていくために行うはずであった、学ぶことの原点に立ち返って、「この世界とはどうなっているのか」「人が人として生きていくのはどういうことか」ということを、この講座に集まってきて下さる方に問いかけ、ともに考えていこうという主旨のもと、森田氏と立ち上げた講座なのである。

この森田真生氏とは、森田氏が中学二年の学年が終わって春休みに入ろうとする頃、バスケットボールに、この私の動きを応用するということで、私が桐朋中学・高校のバスケットボール部から招かれて、動きを実演し解説するイベントの時に初めて出会った(この時は生徒、教職員、保護者など、百人ほどの人達を相手にしていたので、私の方は森田氏を認識してはいなかったが、森田氏がその後高校に進学した頃は、折に触れて話すようになっていた)。

その森田氏が数学者として名高い故岡潔奈良女子大教授などに強い影響を受けて、その「人間いかに生きるべきかという思いを数学を通して追求しよう」と志を立てたのである。文科二類から工学部でロボットなどと取り組んでいたとはいえ、数学を専門にするとなると、とても工学部の数学とはレベルが違う。しかし、恐ろしいほどの集中力を発揮して工学部卒業後、数学科に入学を果して卒業した。おそらく東大の長い歴史の中でも文科で最初入学して、後に数学科に転じて卒業したのは森田氏くらいであろう。

いま独立研究者として数学を専門に研究しつつ、「数学の演奏会」という一般の人達に数学という学問の魅力を語るセミナーを行っている森田氏は、本書の中の「バスケットボールと古武術」の中でM君として登場しているが、そのM君が、この森田真生氏であり、今回新しく文庫化される本書の解説を担当されることになった。このことを編集部から連絡を受けた時は、本書がアクティブ新書として刊行されてから、今回文庫になるまでの歳月を思い感慨無量であった。

振り返ってみれば、一九七八年に武術稽古研究会を立ち上げ、松聲館道場を建ててこの道に入ってから、すでに三十五年。この間不思議な運に恵まれ、武術の上でも振武舘の黒田鉄山師範、光岡英稔日本韓氏意拳学会会長、韓氏意拳の韓競辰老師といった得難い方々と出会い、貴重な教示をいただいた。また私の活動が社会的に知られるようになったのは、現代の日本を代表する識者である養老孟司東大名誉教授と御縁をいただくことができたことが何よりも大きかったと思う。そして、武術の具体的技についてもだが、生きている人間そのものについて、この三十年以上もの間、数々の他では聞くことのできない貴重な教えを頂いた身体教育研究所の野口裕之先生。これらの方々にはあらためて深く感謝の意を表したい。

また、本書執筆の直接のキッカケとなった畏友小用茂夫氏は現在岩波書店を定年退職され、知る人ぞ知る武術練達の士として独自にまとめられた武術を指導されているので今回本書が文庫化されたことを御報告し御礼を申し上げたいと思う。

そして、気づけば私も暦を一巡する年齢を越えてもうすぐ五年。人生としては老境晩年を迎えつつあるが、元々が未熟であったため、現在でも技が進展し、先月よりは今月が、先週は気づかなかったことに今週気づいた、ということが連続しており、これがいつ止むのかはまだわからない。おそらくそれが止んだ時が、私が人生を卒業する時だと思う。その日がいつ来るのかはわからないが、とにかくその時まで進めるだけは進みたいと思う。

二〇一四年二月

甲野善紀

解　説

森田真生

中学二年のとき、僕は「たまたま」甲野先生とめぐり合った。運命というのが、こんなにもさりげなくやってくるものだとは思いもしない当時の私は、体育館の真ん中で竹刀を振る、この一風変わった「先生」の姿に、ただ目が釘付けだった。

「たまたま」の「たま」は、もとは「手の間《ま》」の意味だそうだ。「間有れ《まあれ》」がつづまって「まれ」となったように、間《ま》は稀にしか姿を見せない。それでも時折顔をのぞかせるその間《ま》に、「たまたま」が宿る。

それこそ中二病という言葉があるくらいで、当時の僕は、目前に突如として現れた「間」に大いに戸惑っていた。自分はこれから何に向けて生きて行くのか。何ものになりたいのか。まるで宙宇を彷徨《さまよ》うような、漠とした不安のなかにいた。

本当は、学問がその「間」を埋めてくれるはずだった。中高一貫校に通っていた私は、高校の教科書まで買い込んで、夢中になってそれを読んだ。しかし、書物や学校の授業を通して得られる知識には、その巨大な「間」を埋めるような迫力はなかった。そんなとき、先生に出会った。バスケ部に向けて、体育館で動きの指導をしてくださったのだ。

いまでもはっきり憶えている。

先生の佇まい。時折、じっと黙って何かを感じ取ろうとするかのように静かに上を見上げる仕草。ひとつひとつの言葉を慎重に確かめながら、自らの技の原理を解説するそのリズム。何気ない視線の動きや呼吸の間合い。聴衆に語りかけているようでありながら、誰よりもご自身に語りかけている――そうした様子の仔細がいまでも、まるで昨日のことのように目に焼き付いている。

僕があの日目の当たりにしたのは、単なるスポーツの指導を超えた何かだった。そこには、ひとりの人間の生き様とその探求とが、渾然として一体となったときの、如何とも形容し難い凄みがあった。

教科書や黒板に書かれた文字列の頼りなさと比べると、先生のボソリボソリと発する言葉のひとつひとつには、いかにもはっきりと、ずしりとした手応えがあった。

かつて哲学者の三木清が小林秀雄との対談の中で、「誰でも自分だけがぶつかっている問題がある。そういうものを究めてゆくことが学問だ」と言い、最近の学問には

「驚きからじかにものを考えてゆく」ような原始性が欠けている、と批判した。

この日僕は、あるいは原始に根を張った学問というものを、生まれて初めて目の当たりにしたのかもしれない。

そうしてポカリと空いた「間」が、そこに到来した「たまたま」と仕合せた。それからすっかり、人生が変わった。

「内面化された偶然が運命である」とは九鬼周造の言葉だが、あの日の出会いは間違いなく、僕にとって「運命」だった。

「運命とは何か」――この問いこそが、かつての若き甲野氏にとっての「自分だけがぶつかっている問題」だった。

「漠然と将来は牧場でもやって、南米ででも暮らしたい」と思って東京農業大学の畜産学科に入学した甲野氏は、その思い描いていた風景とは裏腹に「いかに効率よく畜産を行うか」という、それだけの冷酷な世界を目の当たりにした。

「今でも思い出しますが、大きなバケツがいっぱいになると長靴でぐっと踏みつける。するとぴいぴいという雛の悲鳴が一段と鳴り響きます。そしていっぱいになったバケツの雄雛を穴に捨てるのです。何日かしてその穴の前を通ると、生き残ってぴいぴい鳴くのがいて、本当に胸が痛みました」(五八頁)。

あまりにも無残な光景を前にして、現代社会が隠蔽している犠牲と矛盾の大きさに愕然とした。それからというもの、まるで人が変わったように、食の問題から、健康法、医学、宗教さらに東洋哲学にわたるまで、猛勉強をはじめた。

そこである日、「運命は決まっているのか、いないのか」という、巨大な問題にぶち当たる。

「人間の運命が、努力で左右されるのはおかしいと私は思いはじめました。努力する気になる人はいいけれど、努力する気にならない人もいる。努力する気になれるかどうかは、きわめてあいまいなものにかかっています。ですから、人間の運命は事前に完全に決まっているのでなければ、不公平だと考えたのです。

しかし、人間の運命があらかじめ完璧に定められているとすると、当然のことに、今度はものすごく拘束感と不自然さを感じます。この不自然さと矛盾を、さまざまな本を読みつつ自分のなかで突き合わせる日が続いていくうち、私はノイローゼ的な状況になってきました」(六三頁)。

そんなある日、愛読していた『無門関』の一節に出会う。

『無門関』の第二則「百丈野狐」の話のなかにある「大修行底の人かえって因果に

落つるやまた否や」、つまり「本当に修行し尽して大悟した人は因果の法則を超えられるでしょうか」という問いかけが、「はたして人間の運命は決まっているのか、いないのか」ということに重なったのです。

　そして、この問いに対して「不落不昧両采一賽　不昧不落千錯万錯」、つまり「因果に落ちないというのも、因果の法則を昧し消すことができないというのも、どちらもちょうど丁半の賽の目が同時に出たようなもので、どちらかに限定すること自体誤りなのだ」という、この『無門関』の編者、無門和尚の解説を読んだとき、はっとしました」(六四頁)。

「人間の運命は完璧に決まっていて、同時に完璧に自由である」。これがこのとき甲野氏が、理知的に到達したひとつの結論だ。

　しかし、そこに留まるわけにはいかない。何とかしてこの知的な気づきを、身体化しなければならない。感情のレベルで、納得し尽くさなければならない。そう考えた甲野氏は、武の道を進む決意を固めた。

　自分の抱いた問いに対して、書物の力を借りて思弁的・分析的に「分かる」だけでなく、身体を通した体験と体感を通して、ことごとく納得し尽くすこと。これが甲野氏の選んだ、思索の方法だった。

その出発の動機からして明らかなように、甲野善紀の武術の射程は、スポーツや身体技法の枠を超えている。そこには、新しい時代の科学が、いまにも産声をあげそうな胎動すらある。

そもそも知性には二種類ある。

一方には、理性的な判断と知識に基づく知性。他方には、足場の悪い道を転ばずに歩いたり、困っている人がいたら思わず手を差し伸べたりするような、一切の理知的判断に先立つ身体的な知性がある。

かつてチリの認知科学者フランシスコ・ヴァレラは、前者を"know-what"的な知性と呼び、後者を"know-how"的な知性と呼んだ。

大学で学ぶのは専ら"know-what"的な知性であり、かつての古典的な人工知能研究者が、長らくつくり出そうとしてきたのも、この前者のタイプの知性だ。ところが生命が、その三八億年の進化の過程のほぼすべてを費やして獲得してきたのは、後者の"know-how"的な知性である。チェスを打ったり、パズルを解いたりする機械をつくるよりも、実は二足で歩いたり、自在に物を摑んだりする機械をつくる方が、はるかに難しい。科学者は、「ただそこにいること(being there)」が、いかに難しく、知的な営みであるかということに目覚め、「身体性」を抜きにしては、知性の問題は考えられないということが、やがて深く自覚されるようになった。

記号的で抽象的な意識的思考に先立つ、無意識的な身体の行為の中にこそ、生命が悠久の時をかけて身につけてきた「透明な知性」が宿るのだ。

まさに甲野氏が本文でも述べている通り、基本的な動きの中にも技がある。いや、基本的な動きの中にこそ、技がある。

"know-how"的な知性は、それがあまりにも当たり前であるために、しばしばその存在すら忘却される。"know-what"を研究していればいかにも学問らしくなるが、"know-how"の方は、あまりにも当たり前であるゆえに、人はなかなかそれを掘り下げようとしない。

「当たり前のことというのは(中略)当たり前だから誰も特にそのことに注意しないし意識しない。だから記録にも遺さない。そのため時代が過ぎると、それが一番先に消えてわからなくなってしまうようです」(一二六頁)。

"know-what"的な知性ばかりが持て囃される現代において、甲野氏は、どこまでも"know-how"的な、身体化された透明な知性の洗練を追究している。それは、「古武術」と銘打ちながら、実は未来の学問の向かうべき道を、何十年も先取りしているようにすら、思えてならない。

本書が岩波アクティブ新書から出版されて、すでに一一年の歳月が流れた。当時は中学二年のM君だった私も、あの日の出会いが契機となり、いま独立研究者として、この解説文を書いている。

原発の問題をはじめとして、若き日の先生を悩ませた、現代社会の矛盾と闇は深まるばかりだ。深闇の中にあって、誰もが一条の光を求めている。

科学が光だろうか。経済が光だろうか。あるいは技術が光だろうか——甲野氏は、そのすべてに否と答えるだろう。そして、かつて立てた志のまま、どこまでもその一個の身体と向き合い続けるだろう。

暗いからと言って安易に光を求めるな。暗いからこそ、松明を消せ。光を消して、闇にかっと目を開け。そうすれば、おのずと視界が開けてくる。

甲野先生の生きる姿は、僕らにそう、語りかけている。

（もりた　まさお・独立研究者）

編集協力　栢野忠夫
イラスト　飯箸　薫
写　　真　月刊『ナーシング・トゥデイ』(一・二章扉)
市毛　實(三・四章扉)
毎日新聞社(五頁)

本書は二〇〇三年二月、岩波書店より刊行された。

古武術に学ぶ身体操法

2014年3月14日 第1刷発行
2022年10月14日 第7刷発行

著 者 甲野善紀《こうのよしのり》

発行者 坂本政謙

発行所 株式会社 岩波書店
〒101-8002 東京都千代田区一ツ橋 2-5-5

案内 03-5210-4000 営業部 03-5210-4111
https://www.iwanami.co.jp/

印刷・精興社 製本・中永製本

ISBN 978-4-00-603266-1 Printed in Japan

岩波現代文庫創刊二〇年に際して

二一世紀が始まってからすでに二〇年が経とうとしています。この間のグローバル化の急激な進行は世界のあり方を大きく変えました。世界規模で経済や情報の結びつきが強まるとともに、国境を越えた人の移動は日常の光景となり、今やどこに住んでいても、私たちの暮らしは世界中の様々な出来事と無関係ではいられません。しかし、グローバル化の中で否応なくもたらされる「他者」との出会いや交流は、新たな文化や価値観だけではなく、摩擦や衝突、そしてしばしば憎悪までをも生み出しています。グローバル化にともなう副作用は、その恩恵を遥かにこえていると言わざるを得ません。

今私たちに求められているのは、国内、国外にかかわらず、異なる歴史や経験、文化を持つ「他者」と向き合い、よりよい関係を結び直してゆくための想像力、構想力ではないでしょうか。

新世紀の到来を目前にした二〇〇〇年一月に創刊された岩波現代文庫は、この二〇年を通して、哲学や歴史、経済、自然科学から、小説やエッセイ、ルポルタージュにいたるまで幅広いジャンルの書目を刊行してきました。一〇〇〇点を超える書目には、人類が直面してきた様々な課題と、試行錯誤の営みが刻まれています。読書を通した過去の「他者」との出会いから得られる知識や経験は、私たちがよりよい社会を作り上げてゆくために大きな示唆を与えてくれるはずです。

一冊の本が世界を変える大きな力を持つことを信じ、岩波現代文庫はこれからもさらなるラインナップの充実をめざしてゆきます。

(二〇二〇年一月)

岩波現代文庫[社会]

S265
日本の農山村をどう再生するか
保母武彦

過疎地域が蘇えるために有効なプログラムが求められている。本書は北海道下川町、島根県海士町など全国の先進的な最新事例を紹介し、具体的な知恵を伝授する。

S266
古武術に学ぶ身体操法
甲野善紀

桑田投手が復活した要因とは何か。「ためない、ひねらない、うねらない」、著者が提唱する身体操法は、誰もが驚く効果を発揮して各界の注目を集める。〈解説〉森田真生

S267
都立朝鮮人学校の日本人教師
―一九五〇―一九五五―
梶井陟

朝鮮人の子どもたちにも日本人の子どもたちと同じように学ぶ権利がある！ 冷戦下、廃校への圧力に抗して闘った貴重な記録。〈解説〉田中宏

S268
医学するこころ
―オスラー博士の生涯―
日野原重明

近代アメリカ医学の開拓者であり、患者の心を大切にした医師、ウィリアム・オスラー。その医の精神と人生観を範とした若き医学徒だった筆者の手になる伝記が復活。

S269
喪の途上にて
―大事故遺族の悲哀の研究―
野田正彰

かけがえのない人の突然の死を、遺された人はどう受け容れるのか。日航ジャンボ機墜落事故などの遺族の喪の過程をたどり、悲しみの意味を問う。

2022.10

岩波現代文庫[社会]

S270
時代を読む
―「民族」「人権」再考―
加藤周一
樋口陽一

「解釈改憲」の動きと日本の人権と民主主義の状況について、二人の碩学が西欧、アジアをふまえた複眼思考で語り合う白熱の対論。

S271
「日本国憲法」を読み直す
井上ひさし
樋口陽一

日本国憲法は押し付けられたもので時代にそぐわないから改正すべきか？　同年生まれで敗戦の少国民体験を共有する作家と憲法学者が熱く語り合う。

S272
関東大震災と中国人
―王希天事件を追跡する―
田原洋

関東大震災の時、虐殺された日本在住中国人のリーダーで、周恩来の親友だった王希天の死の真相に迫る。政府ぐるみの隠蔽工作を明らかにするドキュメンタリー。改訂版。

S273
NHKと政治権力
―番組改変事件当事者の証言―
永田浩三

NHK最高幹部への政治的圧力で慰安婦問題を扱った番組はどう改変されたか。プロデューサーによる渾身の証言はNHKの現在をも問う。各種資料を収録した決定版。

S274-275
丸山眞男座談セレクション(上・下)
丸山眞男
平石直昭編

人と語り合うことをこよなく愛した丸山眞男氏。知性と感性の響き合うこれら闊達な座談の中から十七篇を精選。類いまれな同時代史が立ち上がる。

岩波現代文庫［社会］

S276
ひとり起つ
―私の会った反骨の人―
鎌田 慧

組織や権力にこびずに自らの道を疾走し続けた著名人二二人の挑戦。灰谷健次郎、家永三郎、戸村一作、高木仁三郎、斎藤茂男他、今も傑出した存在感を放つ人々との対話。

S277
民意のつくられかた
斎藤貴男

原発への支持や、道路建設、五輪招致など、国策・政策の遂行にむけ、いかに世論が誘導・操作されるかを浮彫りにした衝撃のルポ。

S278
インドネシア・スンダ世界に暮らす
村井吉敬

激変していく直前の西ジャワ地方に生きる市井の人々の息遣いが濃厚に伝わる希有な現地調査と観察記録。一九七八年の初々しい著者デビュー作。〈解説〉後藤乾一

S279
老いの空白
鷲田清一

〈老い〉はほんとうに「問題」なのか？　身近な問題を哲学的に論じてきた第一線の哲学者が、超高齢化という現代社会の難問に挑む。

S280
チェンジング・ブルー
―気候変動の謎に迫る―
大河内直彦

地球の気候はこれからどう変わるのか。謎の解明にいどむ科学者たちのドラマをスリリングに描く。講談社科学出版賞受賞作。
〈解説〉成毛 眞

2022.10

S281
ゆびさきの宇宙
福島智・盲ろうを生きて

生井久美子

盲ろう者として幾多のバリアを突破してきた東大教授・福島智の生き方に魅せられたジャーナリストが密着、その軌跡と思想を語る。

S282
釜ヶ崎と福音
―神は貧しく小さくされた者と共に―

本田哲郎

神の選びは社会的に貧しく小さくされた者の中にこそある！　釜ヶ崎の労働者たちと共に二十年を過ごした神父の、実体験に基づく独自の聖書解釈。

S283
考古学で現代を見る

田中琢

新発掘で本当は何が「わかった」といえるか？　考古学とナショナリズムとの危うい関係とは？　発掘の楽しさと現代とのかかわりを語るエッセイ集。〈解説〉広瀬和雄

S284
家事の政治学

柏木博

急速に規格化・商品化が進む近代社会の軌跡と重なる「家事労働からの解放」の夢。家庭という空間と国家、性差、貧富などとの関わりを浮き彫りにする社会論。

S285
河合隼雄の読書人生
―深層意識への道―

河合隼雄

臨床心理学のパイオニアの人生に影響をおよぼした本とは？　読書を通して著者が自らの人生を振り返る、自伝でもある読書ガイド。〈解説〉河合俊雄

2022.10

岩波現代文庫［社会］

S286
平和は「退屈」ですか
―元ひめゆり学徒と若者たちの五〇〇日―
下嶋哲朗

沖縄戦の体験を、高校生と大学生が語り継ぐプロジェクトの試行錯誤の日々を描く。社会人となった若者たちに改めて取材した新稿を付す。

S287
野口体操入門
―からだからのメッセージ―
羽鳥操

「人間のからだの主体は脳でなく、体液である」という身体哲学をもとに生まれた野口体操。その理論と実践方法を多数の写真で解説。

S288
日本海軍はなぜ過ったか
―海軍反省会四〇〇時間の証言より―
澤地久枝
半藤一利
戸髙一成

勝算もなく、戦争へ突き進んでいったのはなぜか。「勢いに流されて――」。いま明かされる海軍トップエリートたちの生の声。肉声の証言がもたらした衝撃をめぐる白熱の議論。

S289-290
アジア・太平洋戦争史（上・下）
―同時代人はどう見ていたか―
山中恒

いったい何が自分を軍国少年に育て上げたのか。三〇年来の疑問を抱いて、戦時下の出版物を渉猟し書き下ろした、あの戦争の通史。

S291
戦下のレシピ
―太平洋戦争下の食を知る―
斎藤美奈子

十五年戦争下の婦人雑誌に掲載された料理記事を通して、銃後の暮らしや戦争について知るための「読めて使える」ガイドブック。文庫版では占領期の食糧事情について付記した。

2022.10

岩波現代文庫[社会]

S292
食べかた上手だった日本人
―よみがえる昭和モダン時代の知恵―
魚柄仁之助

八〇年前の日本にあった、モダン食生活のユートピア。食料クライシスを生き抜くための知恵と技術を、大量の資料を駆使して復元!

S293
新版 報復ではなく和解を
―ヒロシマから世界へ―
秋葉忠利

長年、被爆者のメッセージを伝え、平和活動を続けてきた秋葉忠利氏の講演録。好評を博した旧版に三・一一以後の講演三本を加えた。

S294
新島襄
和田洋一

キリスト教を深く理解することで、日本の近代思想に大きな影響を与えた宗教家・教育家、新島襄の生涯と思想を理解するための最良の評伝。〈解説〉佐藤 優

S295
戦争は女の顔をしていない
スヴェトラーナ・アレクシエーヴィチ
三浦みどり訳

ソ連では第二次世界大戦で百万人をこえる女性が従軍した。その五百人以上にインタビューした、ノーベル文学賞作家のデビュー作にして主著。〈解説〉澤地久枝

S296
ボタン穴から見た戦争
―白ロシアの子供たちの証言―
スヴェトラーナ・アレクシエーヴィチ
三浦みどり訳

一九四一年にソ連白ロシアで十五歳以下の子供だった人たちに、約四十年後、戦争の記憶がどう刻まれているかをインタビューした戦争証言集。〈解説〉沼野充義